🄯 CD付き

名スピーチで学ぶ ロシア語

阿部昇吉=著

IBCパブリッシング

はじめに

　語学を学ぶ人なら、ネイティヴのように自由に読み書きができるようになりたい、相手の話す内容がきちんと理解でき、なおかつ自分の意見をしっかり表明できるようになりたい、と誰もが思うことでしょう。本書は、そんな読者の夢を叶えるために作られた教材です。

　日常会話や挨拶もマスターし、文法もそこそこ理解できるレベルになれば、紋切り型のフレーズの暗記だけでは、欲求不満に陥ってしまうものです。時間と財力に余裕があれば、文学書を原書で読んだり、留学するのも選択肢の一つですが、残念ですが、そんなに恵まれている人は稀でしょう。

　では、効果的に、広くかつ深く、その国の文化のエッセンスを吸収しながら学ぶにはどうしたらよいのかと考えてみると、いわゆる「名スピーチ」に行き着くのではないでしょうか。万人の心に残るスピーチは、話し手の英知と情熱の結晶でもあります。「学ぶ」は「まねぶ」ですから、これを真似ない手はありません。

　本書はトルストイやゴルバチョフなど、ロシア内外の歴史に残る名スピーチの一部（ないし全部）を、対訳の形でコンパクトに編集してあります。情感のこもった CD を聞いて、分からない箇所は反復練習しながら、自分がスピーチするように暗唱してみてください。本書を終了したあかつきには、きっと驚くほどロシア語が上達するはずです。

　本書が、単なる挨拶のレベルを超えて、充実した「対話」ができるきっかけになれば、著者としてこれ以上の喜びはありません。

　末筆ですが、ロシア語の校正を担当してくださった Ирина Бобкова さんに心から感謝の意を表します。

※本書は『名スピーチで学ぶロシア語』（東洋書店）に一部、加筆・訂正したものです。

阿部　昇吉

目次

はじめに ……3
本書の構成 ……5

01 В．レーニン CD 1 ……8
02 Н．フルシチョフ CD 2 ……10
　📖 実力錬成問題（1）リンカーン ……12
03 Ф．ドストエフスキー CD 3-4 ……16
04 И．ツルゲーネフ CD 5-7 ……20
　📖 実力錬成問題（2）ナヴァーリヌィ ……26
05 Л．トルストイ CD 8-10 ……30
06 Ю．ガガーリン CD 11-12 ……36
　📖 実力錬成問題（3）ケネディ ……40
07 А．サハロフ CD 13-14 ……44
08 Б．エリツィン CD 15-17 ……48
　📖 実力錬成問題（4）キング牧師 ……54
09 И．ブーニン CD 18 ……58
10 М．ショーロホフ CD 19-21 ……60
　📖 実力錬成問題（5）マザー・テレサ ……66
11 М．ゴルバチョフ CD 22-23 ……70
12 キリル1世 CD 24 ……74
　📖 実力錬成問題（6）チャップリン ……78
13 Б．アクーニン CD 25-26 ……82
14 В．プーチン CD 27-29 ……86
　📖 実力錬成問題（7）マンデラ ……92
15 А．ソルジェニーツィン CD 30-32 ……96
16 И．ブロツキー CD 33-34 ……102
　📖 実力錬成問題（8）オバマ ……106

巻末付録　世界の名言集 CD 35-45 ……111
　　　　　単語一覧 ……152

＝本書の構成＝

本文
　本を開いた際に、左側のページにロシア語の本文がくるようにしてあります。右側には訳例がありますが、最初は見ないようにして、一作品を読んでみましょう。中級者の方なら、まず CD の音声だけでスピーチを聞いてから、本文に目を通すのも良いでしょう。

訳例
　本書では、できるだけロシア語の原文に近い訳をしてみました。左右のページが対応するように配してありますが、どうしてもずれてしまう箇所もありますのでご容赦ください。

単語
　初級者の方は、ここから学習を始めるとよいでしょう。何度か音読してなじんだら、本文に挑戦してみましょう。

ポイント解説
　ポイントになる文法事項の解説をしてあります。また、本文で使われている表現と類似した言い回しや、そのほかにもよく使われるフレーズをピックアップしてあります。また、慣用表現は覚えるようにしましょう。

実力錬成問題
　リンカーンやケネディー、マンデラ、マザー・テレサなどの歴史に残る名スピーチを、ロシア語に翻訳する練習です。なかなか高度ですが、挑戦してみてください。
　初級の方は、単語の説明に目を通し、何度か音読してなじんだら、CD を聞いてみましょう。中級者の方は、まず、テキストを見ないで CD の音声だけで内容を把握するように努めてください。聞き取れない場合は、該当する日本語訳から連想して聞き直してみましょう。

世界の名言集
　恋愛や人生など、様々なテーマごとに世界の名言を集めてみました。人

類の英知の結晶をロシア語で堪能してください。きっと会話に深みが増すことでしょう。

単語・熟語一覧

　本書の名スピーチに出て来る単語をまとめてあります。復習をかねて、チェックしてみてください（世界の名言集の単語は含みません）。

《本書活用のヒント》

初級者：①単語欄にある自分の知らない単語の意味を覚えてから、本文に目を通してください。②次に、解説を参考にして、文の構造を理解してください。③そしてテキストを見ながらCDを聞いて、音声にテキストを追い、目がついていくようにしましょう。④それができたら、今度は音声についていくように、発音してみましょう。

中級者：①まずチャプター毎にCDの音声を聞いてください。②次に本文を目で追いながら、同じように音声を聞き、意味を考えます。③それから、意味の取れなかった箇所の日本語訳や解説を見て、ロシア語の意味を把握しましょう。④最後に、テキストを閉じてもう一度CDを聞き、テキストのロシア語が頭に浮かぶようにしましょう。

上級者：①まず、内容を想像しながら、CDの音声を聞いてください。その際、頭の中で音声について行くようにしましょう。声は出さなくて結構です。②次に日本語訳にざっと目を通して、自分が想像した内容がどの程度合っていたか確認してください。③更に、聞き取れなかった部分をテキストを開いて学習しましょう。④仕上げに、日本語訳を見ながら、それを翻訳するような気持ちでロシア語を発音してみましょう。

　　＝略語表記について＝

※と《完》ともに完了体　《不完》不完了体（特に明示のないものは不完了体の動詞）〔定〕定動詞〔不定〕不定動詞《不》不定形《複》複数形《参》参考〔俗〕俗語〔廃〕廃語（男）男性形（女）女性形（中）中性形《主》主格《与》与格《生》生格《対》対格　《造》造格　《前》前置格《代》代名詞（　　）内のロシア語は省略可能。動詞や形容詞の（a）は女性語尾。A＜B　Aの元の形はB。

名スピーチで学ぶ
ロシア語

01 В. レーニン

Как навсегда́ поко́нчить с гнётом поме́щиков и капитали́стов. В. И. Ле́нин

1 Враги́ трудя́щихся — поме́щики и капитали́сты — говоря́т: рабо́чие и крестья́не не смо́гут прожи́ть без нас. Без нас не́кому бу́дет установи́ть поря́дка, распредели́ть рабо́ту, принуди́ть к труду́. Без нас всё разва́лится, и госуда́рство распадётся. Нас прогна́ли, но разру́ха сно́ва вернёт нас к вла́сти. Таки́е ре́чи поме́щиков и капитали́стов не смутя́т, не запуга́ют, не обма́нут рабо́чих и крестья́н. В а́рмии необходи́ма са́мая стро́гая дисципли́на. И, одна́ко, созна́тельные рабо́чие суме́ли объедини́ть крестья́н, суме́ли взять себе́ на слу́жбу ста́рых ца́рских офице́ров, суме́ли созда́ть победоно́сную а́рмию.

◆ Влади́мир Ильи́ч Ле́нин（本名は Улья́нов。1870.4.22 — 1924.1.21）ロシアの革命家、政治家。帝政ロシア内の革命勢力をまとめ上げ、世界初の社会主義革命であるロシア革命を主導。ソ連共産党（ボリシェヴィキ）の初代指導者。マルクス主義（共産主義）理論の研究に尽力し、後、その理論はマルクス・レーニン主義という体系にまとめられる。

◇ [бу́дет + не- +疑問詞+不定形] で「…すべき…がない（だろう）」の意。この場合、бу́дет は есть「ある、存在する」の未来形であって、合成未来（быть+ 不完了体の不定形）ではないので、動詞は完了体も可。не́кому と与格になっているのは установи́ть, распредели́ть, принуди́ть の意味上の主語だから。現在のことなら бу́дет は不要。〔例〕У них не́кому

◆◇単語◇◆

гнёт
重荷、抑圧

помéщик
地主（貴族）

трудя́щийся
労働者

крестья́не
（複）農民

установи́ть*
据える、確立する

распредели́ть*
分配する、配給する

развали́ться*
崩壊する、破綻する

разру́ха
荒廃、崩壊

смути́ть*
当惑・動揺させる

дисципли́на
原則、規則、軍規

победоно́сный
常勝の

＊は完了体

訳例

いかに地主と資本家の抑圧を永遠に根絶すべきか

レーニン

労働者の敵 ― 地主と資本家は言う。「労働者も農民も我々がいないと生きていけない。我々がいないと誰も秩序を打ち立てることもできないし、労働を分配することも、労働に駆り立てることもできない。我々がいないと、全てが崩壊し、国家は瓦解する。我々は追放されたが、崩壊が再び我々を権力に戻す、と。地主や資本家がこのように話しても、我々は困惑したり驚いたりしないし、労働者や農民は騙されない。軍に不可欠なのは、最も厳格な軍規である。しかし、自覚した労働者は、農民を団結させ、昔の帝政時代の将校をしっかり軍務につけさせ、常勝の軍隊を創ることができたのだ。

рабóтать.（彼らの所に働き手はいない）また「…すべき…がある（だろう）」と言う時には〔бýдет＋疑問詞＋不定形〕になる。〔例〕Бýдет с кем поговори́ть.（話し相手は見つかるでしょう）◇ Нас прогна́ли.（我々は追放された）三人称複数の主語они́が省略されると、一種の受動態になる。この場合、行為者（誰がやったか）よりも行為（何がなされたか）が重視されている。◇ са́мый＋形容詞（原級）で「最も…、一番…」という意味の最上級になる。суме́ть*「（するだけの）技量・能力がある、うまく…する、してしまう、できる（状況にある）」の意で、後に続く不定形はおもに完了体になる。◇ взять на слу́жбу「…を兵役にとる」の意。ここではста́рых ца́рских офице́ров が目的語になっている。себе́ は助詞で動作が自分の思い通りに行われることや、動作の過程への没入を示す。この意味の場合、アクセントはない。

02 Н. フルシチョフ

Фрагмéнт рéчи на XV сéссии Генассамблéи ООН
Н. С. Хрущёв

Вы сейчáс идёте впередú нас.

Нам ещё нáдо хорошéнько поработáть и попотéть, чтоб вас догнáть.

Приналя́жем!

Догóним!

Обгóним!

И вперёд пойдём.

Э́то моё убеждéние.

Вы мóжете смея́ться над э́тим! Но посмеётесь, когдá мы, знáете, обгóним вас и скáжем "Господá капиталúсты! До свидáния. Наш пóезд сюдá идёт. Пожáлуйста, за нáми!"

1963 г.

◆ Никúта Сергéевич Хрущёв（1894.4.15 — 1971.9.11）ソビエト連邦の第4代最高指導者。スターリン批判によってその独裁と恐怖政治を世界に暴露し、非スターリン化に基づく自由化の潮流である「雪解け」をもたらした。ゴルバチョフ等、ペレストロイカ期に活躍した政治家は、この雪解けの時期に青年期を過ごしており、その自由な雰囲気に少なからず影響を受けている。

◇ Генассамблéя ООН = Генерáльная Ассамблéя ООН 国連総会。 ◇ впередú《生》：前置詞で「…の前方に、先に」の意。7行目の вперёд は副詞で「前へ、先に」の意。 ◇ приналéчь* は -ля́гу, -ля́жешь, …, ля́гут と変化する。на《対》で「…に精を出す、熱心に取りかかる」の意。 ◇ посмея́ться* は「しばらく笑う、存分に笑う」の意。完了体未来が命令の意味

◎ポイント解説◎

10

◆◇単語◇◆

фрагме́нт
断片、一部分

се́ссия
（定例）会議

ООН
国際連合

хороше́нько
しっかり、ちゃんと

попоте́ть*
しばらく汗をかく

догна́ть*
追いつく

приле́чь*
熱心に取りかかる

обогна́ть*
追い越す

убежде́ние
確信

смея́ться над 《造》
…を笑う

капитали́ст
資本家

訳例

第15回国連総会での演説（一部）

フルシチョフ

今のところあなた方は私たちより前に進んでいる。あなたがたに追いつく為に、私たちはしっかり働いて汗をかかなければならない。

私たちはがんばる。

私たちは追いつく。

私たちは追い越す。

そして私たちは前進する。

これが私の確信です。

こんなことを言ったら、あなた方は笑うかもしれません。しかし、いいですか、私たちがあなたがたを追い越して、「資本家の皆さん！さようなら。私たちの列車はここまで来てますよ。私たちに続きなさい！」と言ったときに、（笑えるものなら）お笑いなさい。

1963年

で使われる場合、断定的で軽蔑的なニュアンスを持つ。ここでは「お笑いになるがいい」の意。◇ за《造》：前置詞で「…のすぐ後から」の意。**За на́ми!** で「我々に続け」

※以下は、実際の総会で行われた英語の通訳の内容。若干、意訳している部分もあるが、ロシア語と比較してみるのも面白い。

For the moment, you are ahead of us. We still have a lot of work to do to catch up with you. We'll do that. We'll do our best. We'll catch up. We'll surpass you. And we'll go forward. That's my conviction. You may perhaps laugh now. But when we overtake you, we'll wave our hands and say "Capitalists! Good-bye. Our train is going ahead. Catch up if you can!"

実力錬成問題（1）

☆ 日本語を参考にしながら、ロシア語に訳してみましょう。

> 　古今東西の名スピーチを練習問題にしてみました。日本語訳や英語を参考にしながら、ロシア語に訳してみましょう。かなり高度な練習問題ですが、まずは挑戦です。
>
> = 錬成問題のやり方 =
>
> **初級者** まず「単語」欄を読み、そこにある単語と意味を覚える。次に「ポイント解説」を読み、文法事項を理解し、最後にロシア語の解答を黙読する。
> **中級者** まず「単語」欄と「ポイント解説」にざっと目を通して理解し、知らない単語があればチェックする。次にロシア語の回答例を音読してみる。最後に日本語訳を見ながらロシア語訳をしていく。
> **上級者** まず、日本語訳だけ見てロシア語に直してみる。次にロシア語の解答例を見ながら自分のロシア語訳と比べてみる。最後に「ポイント解説」を読んで、再度ロシア語訳に挑戦する。

　八十七年前、我が父祖たちは、この大陸に新たなる国家を創出しました。それは、自由を原点として懐胎され、人はみな平等であるとの命題に捧げられた国家です。

　今、私たちは、たいへんな内戦の渦中にあります。この戦いで、この国家が、あるいはそのような原点と命題を奉じる他のどの国家もが、今後も存続できるかどうかが試されているのです。私たちはこのような戦争の、偉大な戦場の一つに集ったのです。

　この国家が生きのびるために、ここで自分の命を捧げた人々の最後の安息の地として、戦場の一角を割り当てるためにやってきました。私たちがそうするのは、全く正しいことです。

　しかし、より大きな意味では、この土地を捧げるのも、はらい清めるのも、私たちではありません。

　生者も戦死者も、この地で戦った勇敢な人々こそが、すでにこの地を我々以上に見事にはらい清め、讃えているのです。なので私たちの貧弱な力でそれに付け加えたり、差し引いたりすることはできないのです。

　世界は私達がここで言うことなどほとんど気に留めたくないし、長く記憶

にとどめることもないでしょう。しかし、彼らがこの地でなしたことは、永遠に世界の記憶に留められるのです。この地で戦った人々がこれまで気高く遂行してきた未完の仕事を完遂するために、私たち生きている者は、自らを捧げるべきなのです。

　私たちは、前途にまだ残されている大いなる責務の解決に挺身しなければなりません。まさに名誉ある死者たちから、彼らが誠心誠意勤めた仕事に深く献身したことを理解しなければなりません。

　私たちはここで、これらの戦死者たちの死を無駄にしないことを、そして神の祝福のもと、我が国が自由の新たなる誕生を獲得し、そして、人民の、人民による、人民のための政府をこの地上から絶やさないと高らかに宣言しなければならないのです。

リンカーン：ゲティスバーグ演説 , 1863. 11. 19

The Gettysburg Address, Gettysburg, Pennsylvania, November 19, 1863

Four score and seven years ago our fathers brought forth on this continent, a new nation, conceived in Liberty, and dedicated to the proposition that all men are created equal.

Now we are engaged in a great civil war, testing whether that nation, or any nation so conceived and so dedicated, can long endure. We are met on a great battle-field of that war. We have come to dedicate a portion of that field, as a final resting place for those who here gave their lives that nation might live. It is altogether fitting and proper that we should do this.

But, in a larger sense, we can not dedicate — we can not consecrate — we can not hallow — this ground.

The brave men, living and dead, who struggled here, have consecrated it, far above our poor power to add or detract.

The world will little note, nor long remember what we say here, but it can never forget what they did here. It is for us the living, rather, to be dedicated here to the unfinished work which they who fought here have thus far so nobly advanced.

It is rather for us to be here dedicated to the great task remaining before us — that from these honored dead we take increased devotion to that cause for which they gave the last full measure of devotion — that we here highly resolve that these dead shall not have died in vain — that this nation, under God, shall have a new birth of freedom — and that government of the people, by the people, for the people, shall not perish from the earth.

解答例

　Восемьдесят семь лет назад наши отцы основали на этом континенте новую нацию, взращённую в условиях свободы и преданную принципу, согласно которому все люди созданы равными.

　Сейчас мы ведём великую Гражданскую войну, в которой проверяется, может ли эта нация или любая другая, воспитанная в таком же духе и преданная таким же идеалам, существовать дальше. Мы встретились сейчас на поле одной из величайших битв этой войны.

　Мы пришли сюда для того, чтобы отвести часть этого поля для последнего места успокоения тех, кто отдал здесь свои жизни ради того, чтобы эта нация могла жить. Очень правильно, что мы делаем это.

　Однако, по большому счёту, не мы освящаем и не мы восславляем эту землю.

　Те храбрые люди, живые и мёртвые, которые сражались здесь, уже освятили и восславили её и сделали это гораздо успешнее нас — мы со своими

◆◇単語◇◆

основа́ть *
創立する、建設する

контине́нт
大陸

взрасти́ть *
栽培する

преда́ть *
委ねる、任せる

воспи́танный
教養ある、礼儀正しい

существова́ть
存在する

велича́йший
最も偉大な

успокое́ние
安心、平静

освяти́ть *
捧げる

восславля́ть
はらい清める

хра́брый
勇敢な

＊は完了体

◎ポイント解説◎

◇ взращённый, преданный, воспитанный それぞれ взрастить*（栽培する）、предать*（委任する）、воспитать*（育成する）の**受動形動詞**・過去で「…された」という意味になる。
◇ согласно которому この согласно は前置詞で、「…に従って、応じて」の意。которому は関係代名詞で、先行詞は принципу（原理、原則）になる。◇ такой же「同様の」◇ одной из величайших битв この величайший は великий（偉大な）の最上級。「最も偉大な戦いの一つ」◇ для того, чтобы / ради того, чтобы …「…するために」の意。… には動詞の**不定形**がくる。◇ по большому счёту「真剣に、本格的に」◇ тех, кто... この кто は関係代名詞。те, кто ... で「…する人々（複数）」の意。кто 以下の節中の動詞は**単数形**（ここでは

ничто́жными си́лами ничего́ не мо́жем ни доба́вить, ни уба́вить.

 Мир почти́ не заме́тит, и не бу́дет до́лго по́мнить того́, что здесь говори́м мы, но он никогда́ не забу́дет того́, что здесь соверши́ли они́. Мы, живу́щие, должны́ здесь посвяти́ть себя́ реше́нию тем незако́нченным труда́м, кото́рые те, кто сража́лся здесь, так благоро́дно осуществля́ли.

 Мы должны́ посвяти́ть себя́ реше́нию той вели́кой зада́чи, кото́рая ещё стои́т пе́ред на́ми. И́менно от э́тих люде́й, поги́бших с че́стью, мы должны́ восприня́ть глубо́кую пре́данность тому́ де́лу, кото́рому они́ столь ве́рно служи́ли.

 Мы здесь должны́ торже́ственно заяви́ть, что они́ поги́бли недаро́м и что на́ша на́ция с благослове́ния го́спода обретёт но́вое возрожде́ние свобо́ды и что прави́тельство наро́да, управля́емое наро́дом и для наро́да, никогда́ не исче́знет с лица́ земли́.

Ге́ттисбергское посла́ние Авраа́м Ли́нкольн

◆◇単 語◇◆

восславить*
讃える

ничто́жный
少ない、つまらない

уба́вить*
減らす

посвяти́ть*
捧げる、献じる

осуществля́ть
実現する、遂行する

восприня́ть*
理解する、感得する

пре́данность
献身

заяви́ть*
表明する

благослове́ние
祝福、同意

возрожде́ние
復興、復活

посла́ние
メッセージ、呼びかけ

о́тдал)を用いる。◇ гора́здо 比較級とともに用いられ「はるかに」「ずっと」の意。◇ ни …, ни … 「…も … も（ない）」◇ поги́бших < поги́бший ← поги́бнуть*（亡くなる、滅ぶ）の能動形動詞（過去）。意味は「亡くなった …」поги́бших は直前の люде́й を後ろから形容して「亡くなった人々」の意。生格になっているのは、前置詞 от の要求。能動形動詞（過去）は〔過去語幹＋ -вший（母音の後）/ -ший（子音の後）〕で作る。◇ управля́емое < управля́емый ← управля́ть（運営する、操る）の受動形動詞（現在）。意味は「…されている …」управля́емое は前の прави́тельство を後ろから形容して「人民によって統治される政府」の意。受動形動詞（現在）は主に不完了体の他動詞から作られ、形は〔現在語幹＋ -емый（第１変化の動詞）/ -имый（第２変化の動詞）〕である。

03 Ф．ドストエフスキー

Речь Достоевского о Пушкине

🆑 3 Я говорю́ лишь о бра́тстве люде́й и о том, что ко всеми́рному, ко всечелове́чески-бра́тскому едине́нию се́рдце ру́сское, мо́жет быть, изо всех наро́дов наибо́лее предназна́чено, ви́жу следы́ сего́ в на́шей исто́рии, в на́ших дарови́тых лю́дях, в худо́жественном ге́нии Пу́шкина. Пусть на́ша земля́ ни́щая, но э́ту ни́щую зе́млю "в ра́бском ви́де исходи́л благословля́я" Христо́с.

Почему́ же нам не вмести́ть после́днего сло́ва его́? Да и сам он не в я́слях ли роди́лся? Повторя́ю: по кра́йней ме́ре, мы уже́ мо́жем указа́ть на Пу́шкина, на всеми́рность и всечелове́чность его́ ге́ния.

Ведь мог же он вмести́ть чужи́е ге́нии в душе́ свое́й, как родны́е. В иску́сстве, по кра́йней ме́ре, в худо́жественном тво́рчестве, он прояви́л э́ту всеми́рность стремле́ния ру́сского ду́ха неоспори́мо, а в э́том уже́ вели́кое указа́ние.

◎ポイント解説◎

◆ Фёдор Миха́йлович Достое́вский（1821.11.11 ― 1881.2.9）19世紀ロシアの小説家。代表作に『貧しき人びと』、『死の家の記録』、『罪と罰』、『白痴』、『悪霊』、『カラマーゾフの兄弟』などがある。
◆ Алекса́ндр Серге́евич Пу́шкин（1799.5.26 ― 1837.1.29）ロシア最大の詩人。代表作に『ベールキン物語』、『エヴゲーニイ・オネーギン』、『青銅の騎士』、『スペードの女王』、『大尉の娘』などがあり、作品の多くがオペラ化されている。◆現在もプーシキン広場に立っているプーシキン像は、1880年5月の除幕式に際し、ドストエフスキーが演説を45分間にわたって行なったことでも有名。演説は当時の聴衆に熱狂的に支持された。

◇ наибо́лее（何よりも…、最も…）は、形容詞や副詞につけて最上級を作る副詞。論文や公用文でよく

◆◇単語◇◆

едине́ние
結合、団結、統一

предназна́ченнй
…が天職の、のために作られた

след
足跡、形跡、名残

дарови́тый
天分ある

ни́щий
赤貧の、乞食の

я́сли
まぐさ桶、託児所

всеми́рность
世界性

всечелове́чность
全人類性

вмести́ть*
入れる、含む

тво́рчество
創造、創作、作品

неоспори́мый
議論の余地のない

訳例

プーシキンに関するドストエフスキーのスピーチ

　私が話しているのは、ただ人間の友好についてであり、もしかしたら全民族の中で、世界の、全人類的な同胞の団結のために、ロシア人の心が一番ふさわしく作られているということです。その痕跡を我々の歴史や才能ある同胞に、プーシキンの芸術的天才の中に私は見いだすのです。たとえ我々の大地が極貧であっても、この貧しき大地を「奴隷の姿で祝福しつつ遍歴した」のが、キリストなのです。

　なぜ我々は、彼のこの最後の言葉を受け入れないのでしょう？　実際、彼自身まぐさ桶の中で生まれたではないでしょうか？　繰り返します。少なくとも、我々はプーシキンを、その天才の全世界性と全人類性を示せます。

　なぜなら彼は、他の天才を同胞のごとく自身の魂の中に取り込むことができたのです。芸術において、少なくとも芸術作品において、このロシアの精神が志向する世界性を彼が顕現したのは議論の余地がありませんが、それがもう、示唆に富んでいるのです。

使われる。〔例〕Во вре́мя ночно́го сна ко́жа наибо́лее акти́вно восстана́вливается.（夜眠っている時に皮膚は一番活発に再生される）ここでは述語 предназна́чено < предназна́ченный（…が天職の、…のために作られた）を強調している。主語は се́рдце ру́сское（ロシア人の心） ◇ сего́ < сей（この）は э́тот の意味で19世紀半ばまで自由に使われていたが、現在では一部の表現にのみ使われる。◇ пусть 「たとえ…であっても、…でさえも」という譲歩の従属文を導く接属詞。〔例〕Пусть пока́ с оши́бками — их попра́вят на за́втрашнем уро́ке.（たとえ今、間違いがあったとしても、明日の授業で直せるよ）◇ благословля́я ← благословля́ть（祝福する）の不完了体副動詞。в ра́бском ви́де исходи́л благословля́я Христо́с で「キリストが奴隷の姿で祝福しつつ遍歴した」の意。◇ да и「全く、実際」。◇ по кра́йней ме́ре「少なくとも」

17

© 4 Если на́ша мысль есть фанта́зия, то с Пу́шкиным есть, по кра́йней ме́ре, на чём э́той фанта́зии основа́ться. Éсли бы жил он до́льше, мо́жет быть, яви́л бы бессме́ртные и вели́кие о́бразы души́ ру́сской, уже́ поня́тные на́шим европе́йским бра́тьям, привлёк бы их к нам гора́здо бо́лее и бли́же, чем тепе́рь, мо́жет быть, успе́л бы им разъясни́ть всю пра́вду стремле́ний на́ших, и они́ уже́ бо́лее понима́ли бы нас, чем тепе́рь, ста́ли бы нас предуга́дывать, переста́ли бы на нас смотре́ть столь недове́рчиво и высокоме́рно, как тепе́рь ещё смо́трят.

Жил бы Пу́шкин до́лее, так и ме́жду на́ми бы́ло бы, мо́жет быть, ме́нее недоразуме́ний и спо́ров, чем ви́дим тепе́рь. Но бог суди́л ина́че.

Пу́шкин у́мер в по́лном разви́тии свои́х сил и бесспо́рно унёс с собо́ю в гроб не́которую вели́кую та́йну. И вот мы тепе́рь без него́ э́ту та́йну разга́дываем.

◎ポイント解説◎

◇ есть は「…がある」という意味の他に英語の be 動詞現在形（is, am, are）に当たる「…である」という意味を持つ語。この意味では文語的で現代では論文等などの形式張った表現で使われるほか、省略されるか、主語と補語が名詞の場合などは「──」(тире́) で代用されることが多い。Éсли на́ша мысль есть фанта́зия で「（このような）我々の考えが幻想であるとしても」と譲歩を示している。 ◇ чём < что は英語の what のように先行詞を含む関係代名詞で、動詞の不定形とともに用いられ「…すべきのもの、こと」と訳す。前置格になっているのは на の支配を受けているから（この на は основа́ться* на ＋《前》の на）。また э́той фанта́зии は э́та фанта́зия（この幻想）の与格で、不定形 основа́ться*（…に基づく）の意味上の主語になっている。この不定形は義務や可能を表す。с Пу́шкиным есть, по кра́йней ме́ре, на чём э́той фанта́зии основа́ться で「少

◆◇単語◇◆

фантáзия
空想、想像力

основáться*
作られる、基づく

привлéчь*
引きつける

разъяснúть*
解明する

стремлéние
意欲、欲求、志向

предугáдывать
予測する、見抜く

высокомéрный
傲慢な、横柄な

дóлее
より長く

недоразумéние
誤解、悶着

развúтие
発達、進歩、成長

тáйна
秘密、神秘

訳例

　仮に我々の考えが夢想としても、プーシキンには、少なくとも、この夢想の根拠となるべきものがあるということです。もしも彼がもっと長生きしていたなら、もしかしたら、すでに我がヨーロッパの同胞には理解されている、不滅で偉大なるロシアの魂の形象を表したかもしれないし、我々にとって今よりも遥かにいっそう、かつ身近なものにしてくれたかもしれない。あるいは我々の志向する全ての真実を彼らに解明し、彼らが今以上に我々を理解して、我々を見抜けるようになって、現在のように我々を見るような不信に満ちた傲慢な見方を止めたかもしれません。

　プーシキンが長生きしていたなら、今我々の間に見受ける誤解や論争は、もっと少なくなっていたでしょう。しかし神様は別の判断を下しました。

　プーシキンは、その最盛期に亡くなり、ある偉大な神秘を墓場に持ち去ってしまったのは疑いありません。そして我々は、今やその秘密のなぞを、彼なしで解くのです。

なくとも、プーシキンにはこの幻想が基づけるものがある」の意。◇ дóльше（より長く）、бóлее（より多く）、блúже（より近く）、дóлее（より長く）、мéнее（より少ない）は共に副詞や形容詞の比較級。「AはBよりも〜である」という場合①A＋比較級＋B（《生》）または②A＋比較級＋чем＋B（《主》）の型で表す。ニュアンスとしては①よりも②の文のほうがより厳密に比較している感じ。◇ стóль …, как ...「... のように、それほど…」перестáли бы на нас смотрéть стóль недовéрчиво и высокомéрно, как тепéрь ещё смóтрят で「（彼らは）今、（我々を）見ているように、懐疑的にかつ横柄に我々を見るのをやめるだろう」の意。◇ так「それならば、その時は」という意味。Жил бы Пýшкин дóлее, так и で「プーシキンがもっと長生きしていたら、その時は」の意。◇ мóжет быть「多分、おそらく」

19

04 И. ツルゲーネフ

Речь о Шекспи́ре

И. С. Турге́нев

5 Мы, ру́сские, пра́зднуем па́мять Шекспи́ра, и мы име́ем пра́во её пра́здновать. Для нас Шекспи́р не одно́ то́лько гро́мкое, я́ркое и́мя, кото́рому поклоня́ются те лишь и́зредка и и́здали, он сде́лался на́шим достоя́нием, он вошёл в на́шу плоть и кровь.

Ступа́йте в теа́тр, когда́ даю́тся его́ пие́сы (заме́тим мимохо́дом, что то́лько в Герма́нии и в Росси́и они́ не схо́дят с репертуа́ра), — ступа́йте в теа́тр, пробеги́те все ряды́ собра́вшейся толпы́, пригляди́тесь к ли́цам, прислу́шайтесь к сужде́ньям — и вы убеди́тесь, что пе́ред ва́шими глаза́ми соверша́ется живо́е, те́сное обще́ние поэ́та с его́ слу́шателями, что ка́ждому знако́мы и до́роги со́зданные им о́бразы, поня́тны и бли́зки му́дрые и правди́вые 40 слова́, вы́текшие из сокро́вищницы его́ всеобъе́млющей души́!

◆ Ива́н Серге́евич Турге́нев (1818.10.28 — 1883.8.22) 19世紀ロシアの小説家。代表作に『猟人日記』、『ルージン』、『貴族の巣』、『その前夜』、『処女地』などがある。

◆ Уи́льям Шекспи́р (William Shakespeare) (1564.4.26 (洗礼日) — 1616.4.23) 英国の劇作家、詩人。『オセロー』、『マクベス』、『ハムレット』、『リア王』など40の戯曲がある。

◇ име́ем < име́ть は「持つ、所有する」という意味だが、主に抽象的なものを持つ意味で使われる。◇ кото́рому 関係代名詞で先行詞は и́мя（名前）。与格になっているのは、поклоня́ются の支配を受けているから。и́мя, кото́рому поклоня́ются те лишь и́зредка и и́здали で「その人たち（ロシア人）がただ時たま、そして遠くからお辞儀している名前」の意。◇ схо́дят <

◎ポイント解説◎

20

◇◆単語◇◆

пра́здновать
祝う、祝賀する

пра́во
権利、根拠

достоя́ние
資産、財産

плоть
肉、肉体

мимохо́дом
ついでに、途中で

репертуа́ра
上演目録

сужде́ние
考慮、見解、意見

те́сный
狭い、緊密な

обще́ние
接触、交際、関係

правди́вый
正しい、誠実な

сокро́вищница
宝庫

訳例

シェークスピアに関するスピーチ

イワン・ツルゲーネフ

私たちロシア人は、シェークスピアの記念日を祝います。そして私たちにはそうする権利があるのです。私たちにとってシェークスピアは、ただ稀に遠くからお辞儀するという、単に偉大で卓越した名前というだけでなく、私たちの財産であり、私たちの血肉になっているのです。

彼の戯曲が上演されている劇場に入ってみてください（ついでに気がつくのですが、ロシアとドイツだけは、彼の戯曲が演目から外れることがありません）。劇場に入って、集まった観衆の列の間を全部通り抜け、人々の顔を見て、意見に耳を傾けてみてください。そうすれば、あなたの眼前に、詩人と観衆との間で生き生きとした緊密な交流がなされていると確信するでしょう。そして彼の創造した形象が、一人一人にとって馴染み深く、尊いもので、全てを包容する彼の魂の宝物から溢れ出た、賢明で誠実な四十の戯曲が、私たちに理解され、かつ身近であるのを確信するでしょう。

сходи́ть с ... で「…からそれる、消える、落ちる」の意。◇ Ступа́йте ... и … 〔命令形＋и〕で「…し（てみ）なさい、そうすれば…」の意。命令形が Ступа́йте ..., ступа́йте ..., пробеги́те ..., пригляди́тесь ..., прислу́шайтесь ... と続き и вы убеди́тесь, что … （そうすれば…と納得するでしょう）に続く。◇ со́зданные < со́зданный ← созда́ть*（創造する）の受動形動詞（過去）。со́зданные им о́бразы で「彼（シェークスピア）によって創造された形象（人物）」の意。◇ вы́текшие < вы́текший ← вы́течь*（流れ出る、源を発する）の能動形動詞（過去）。意味は「…から溢れ出た ...」вы́текшие は直前の слова́ を後ろから形容している。слова́, вы́текшие из сокро́вищницы его́ всеобъе́млющей души́「全てを包容する彼の魂の宝物から溢れ出た戯曲作品」の意。слова́ はここでは текст вока́льного произведе́ния（声楽作品の台詞、歌詞）の意味。

◎ 6 Или о́браз Га́млета не бли́же, не поня́тнее нам, чем францу́зам, ска́жем бо́лее — чем англича́нам? Не соедини́лось ли для нас навсегда́ с э́тим о́бразом воспомина́ние о велича́йшем ру́сском — и́менно ру́сском актёре, Моча́лове? Не приве́тствуем ли мы с осо́бенным уча́стием ка́ждую попы́тку переда́ть нам шекспи́ровские творе́ния на́шими родны́ми зву́ками?

И, наконе́ц, мо́жет ли не существова́ть осо́бой бли́зости и свя́зи ме́жду беспоща́днейшим и, как ста́рец Лир, всепроща́ющим сердцеве́дцем, ме́жду поэ́том, бо́лее всех и глу́бже всех прони́кнувшим в та́йны жи́зни, и наро́дом, гла́вная отличи́тельная черта́ кото́рого до сих пор состои́т в почти́ беспримéрной жа́жде самосозна́ния, в неутоми́мом изуче́нии самого́ себя́, — наро́дом, так же не щадя́щим со́бственных сла́бостей, как и проща́ющим их у други́х, — наро́дом, наконе́ц, не боя́щимся выводи́ть э́ти са́мые сла́бости на свет

◎ポイント解説◎

◇ ска́жем бо́лее「さらに言うなら、たとえばさらに」 ◇ беспоща́днейшим < беспоща́днейший これは形容詞 беспоща́дный（仮借ない、容赦ない、残酷な）の最上級。 ◆ Па́вел Степа́нович Моча́лов (1800.11.15 — 1848.3.28) ロマン主義時代の偉大な俳優の一人。モスクワのマールイ劇場に出演し、希代のハムレット役者として活躍した。 ◇ бо́лее всех и глу́бже всех「だれよりも多く、だれよりも深く」бо́лее も глу́бже も比較級だが、〔比較級＋всех〕の形で、意味の上では最上級になっている。人以外が対象の場合は〔比較級＋всего́〕の形をとる。〔例〕Я бо́льше всего́ люблю́ чита́ть.（私は読書が一番好きです） ◇ ме́жду А и В「АとВの間に」ме́жду の後は造格。ここでАにあたるのは сердцеве́дцем と поэ́том（この二語は同格）でВに当たるのが наро́дом.「洞察者かつ、詩人と民族の間に」 ◇ прони́кнувшим <

◆◇単語◇◆

соедини́ться
結合する、一緒になる

воспомина́ние
思い出、回想

приве́тстеовать
挨拶する、歓迎する

уча́стие
参加、協力、同情

попы́тка
試み、企画

творе́ние
創造、創作、著作

беспоща́дный
容赦ない、残酷な

сердцеве́дец
人の心の洞察者

отличи́тельный
区別する、特殊な

бесприме́рный
無比の、先例のない

неутоми́мый
倦まぬ、たゆまぬ

訳 例

　あるいはハムレットの形象は、フランス人より、さらに言うならイギリス人より、私たちにより身近で、より理解できるのではないでしょうか？　私たちはいつもこの形象と、偉大なロシア人、モチャーロフというまさにロシア人俳優の思い出とが結びつかないでしょうか。シェークスピア作品を私たちの母国語の響きで私たちに伝えようとするそれぞれの試みを、私たちは特別な共感をもって、歓迎していないでしょうか。

　そして最後に、誰よりも容赦のない、かつ老リア王のような、全てを許せる人の心の洞察者であり、誰よりも多くかつ深く生の神秘に入り込んだ詩人と、主な特徴が、ほとんど先例のないほど自意識を渇望し、たゆまなく自分自身を探求するような民族との間に、一種独特の親近感や関係性が存在し得ないでしょうか？　この民族は、自分の弱さを他の民族なら許すところを許さずに、遂には、まさにこの最大の弱点を白日の下にさらけ出すのを恐れないのです。

прони́кнувший ← прони́кнуть*（入り込む、洞察する）の能動形動詞（過去）。能動形動詞（過去）は動詞の過去語幹に -вший（母音の後）/ -ший（子音の後）を付ける。◇ до сих пор「今まで、ここまで、今なお」◇ щадя́щим < щадя́щий ← щади́ть（容赦する）の能動形動詞の現在。能動形動詞（現在）は①第１変化の場合は動詞の現在語幹に -ющий / -ущий を②第２変化の場合は -ящий / -ащий を付ける。〔例〕чита́ть → чита́ющий（読んでいる…）、писа́ть → пи́шущий（書いている…）、носи́ть → нося́щий（運んでいる…）、учи́ть → уча́щий（教えている…）◇ проща́ющим < проща́ющий ← проща́ть（赦す、勘弁する）の能動形動詞の現在（なお10行目の всепроща́ющий はこの能動形動詞 проща́ющий から作られた形容詞）。вы́водить ... на свет бо́жий「…を明るみに出す」

бо́жий, как и Шекспи́р не страши́тся выноси́ть тёмные сто́роны души́ на свет поэти́ческой пра́вды, на тот свет, кото́рый в одно́ и то же вре́мя и озаря́ет и очища́ет их? ⓒ 7 Говори́ть ли нам тепе́рь пе́ред ва́ми о само́м Шекспи́ре? Попыта́ться ли в бы́стрых, понево́ле кра́тких о́черках предста́вить поси́льную оце́нку его́ ге́ния?

Едва́ ли э́то возмо́жно и едва́ ли ну́жно, тем бо́лее что он сам сейча́с заговори́т пе́ред ва́ми. Шекспи́р, как приро́да, досту́пен всем, и изуча́ть его́ до́лжен ка́ждый сам, как и приро́ду. Как она́, он и прост и многосло́жен — весь, как говори́тся, на ладо́ни и бездонноглубо́к, свобо́ден до разруше́ния вся́ких око́в и постоя́нно испо́лнен вну́тренней гармо́нии и той неукло́нной зако́нности, логи́ческой необходи́мости, кото́рая лежи́т в основа́нии всего́ живо́го.

◎ポイント解説◎

◇ одно́ и то же「同じ…」одно́ は修飾する名詞の性と数に応じて оди́н（男）, одна́（女）, одни́（複）と変化する（то も тот（男）, та（女）, те（複）と変化する）。ここでは中性名詞の вре́мя を修飾しているから одно́ になっている。◇ ли「…か」疑問文を作る助詞。疑問文の中で、疑問の中心となる語の直後に置き、強調する。◇ едва́ ли「おそらく…しないだろう、多分…ないだろう」◇ тем бо́лее что「おまけに…だから」◇ как говори́тся「よく言われるように」◇（как）на ладо́ни「手に取るようにはっきりと」◇ до разруше́ния вся́ких око́в「あらゆる鉄鎖を破壊するほどに」око́в < око́вы は「かせ、鉄鎖、束縛」の意。◇ испо́лнен < испо́лненный ← испо́лнить*（実行する、満たす）の受動形動詞・過去で、短語尾男性形。ここでは он（シェークスピア）が主語で、испо́лнен が述語になっている。испо́лнен +《生》で「…で満ちている」の意。

◆◇単 語◇◆

страши́ться
怖がる、怯える

озаря́ть
照らす、悟らせる

очища́ть
清める、きれいにする

понево́ле
やむを得ず、無理に

поси́льный
力相応の

заговори́ть*
話し始める

досту́пный
近づき・分かりやすい

приро́да
自然、本質

бездонноглубо́кий
底なしに深い

неукло́нный
一貫した、不変の

основа́ние
土台、基礎、根本

訳 例

　それはシェークスピアが魂の暗黒面を、詩的真実の光に照らし、清めもする明るみに引っ張りだすのを恐れないのと同じではありませんか？

　今、あなた方の前でシェークスピア自身について一緒に話しましょうか？ 急いで、あえて短いルポルタージュで、彼の天才にふさわしい評価をしてみましょうか？

　それは恐らく不可能ですし、不要でしょう。まして彼自身が皆さんの前で今、話し出すのですから。大自然のように、シェークスピアは誰にでも近づきやすく、また大自然を学ぶように、一人一人が学ぶべきです。大自然のように、彼はシンプルであると同時に複雑です。よく言われるように、全体が手に取るようにはっきりしているのに、底なしに深く、あらゆる鉄鎖を破壊するほどに自由ですが、常に内的な調和や不変の法則、全ての生あるものの基礎にある、論理的な必然性にあふれているのです。

＊ここでは гармо́нии（調和、ハーモニー）、зако́нности（合法性、法秩序）、необходи́мости（必然性、不可欠）が生格。

実力錬成問題（2）

☆ 日本語を参考にしながら、ロシア語に訳してみましょう。

　　　自分の権利のために闘うのは簡単だし心地よいです。それは少しも怖くありません。無秩序になるのは避けられないとか、警察と殴り合いになるとか、車が燃やされるとかいった馬鹿げた話を信じないでください。我々に必要なたったひとつの、けれど最も強力な武器を、我々ひとりひとりが持っています。それは自尊心です。

　　この感情は、ビロードのパジャマのように着たり脱いだりできないということをちゃんと理解しなければなりません。この感情は、キッチンで友人といる時にボタンでスイッチが入ることもなければ、役人や警官、選挙管理委員会のメンバーと話す際に、恥ずかしげにスイッチが切れることもありません。

　　自尊心を持った人は存在するのです。しかも沢山。そのうちの数十人は今、汚いマットレスに横たわりながら、私のそばにいます。そういう何千・何万という人たちが革命広場やボロートナヤ広場にいるのも知っています。モスクワやその他の都市にもです。

　　どんな弾圧もこん棒もありません。15日間の拘禁や逮捕もありません。そんなのは全て嘘っぱちです。数十万、数百万の人々を殴ったり逮捕することなどできないのです。私たちは脅されることこそありませんでしたが、ある一定期間、ヒキガエルやネズミの生活が、無言の家畜のような生活が、安定と経済成長という褒美をもらうための唯一の方法なのだと信じ込まされてきました。

　　靄(もや)は晴れたので、我々が家畜のように無言でいると、億万長者に成り上がったペテン師や泥棒の連中だけがいい思いをするのが分かります。この連中とメディアの奉仕者は、ペテン師や泥棒の政党の利益になるように声

を偽造することが、水道管から熱湯が出て、安価な抵当権つきの債券を入手できるために不可欠な条件なのだと、今も我々に信じ込ませ続けています。そうやって12年もの間、我々は養われてきました。でも、もう、うんざりです。茫然自失の状態を脱する時が来たのです。

　私たちは家畜でも奴隷でもありません。私たちには声があります。声をあげて主張する力もあります。

　自尊心を持っている人なら皆、互いに連帯を感じるはずなのです。今、広場にいようが台所にいようが、はたまた施設にいようとも、そんなのは関係ありません。私たちはあなた方との連帯感を感じています。そして私たちが勝つと知っています。全くそれ以外、あり得ないのです。

　皆さんに言いましょう。「一人はみんなのために、みんなは一人のために」と。

デモ参加者へのアレクセイの呼びかけ，2011.12

Алексе́й Анато́льевич Нава́льный (1976.6 −)
アレクセイ・ナヴァーリヌィ　ロシアのブロガー、弁護士で社会活動家。タイム誌が選ぶ2012年版の《世界で最も影響力のある100人》のリストに入る。2011年12月、下院選挙不正疑惑に抗議する市民デモに参加する呼びかけをブログに掲載する。

解答例

　Боро́ться за свои́ права́ э́то легко́ и прия́тно. И э́то совсе́м нестра́шно. Не ве́рьте глу́постям о неизбе́жных беспоря́дках, дра́ках с мили́цией и горя́щих автомоби́лях. Еди́нственное, но са́мое мо́щное ору́жие, ну́жное нам есть у ка́ждого — э́то чу́вство со́бственного досто́инства.

　Про́сто на́до поня́ть, что э́то чу́вство нельзя́ одева́ть и снима́ть как ба́рхатный пиджачо́к. Оно́ не включа́ется кно́пкой на ку́хне с друзья́ми и не выключа́ется стыдли́во при разгово́ре с чино́вником, милиционе́ром и́ли чле́ном избира́тельной коми́ссии.

　Лю́ди с чу́вством со́бственного досто́инства есть. Их мно́го. Деся́тки из них лежа́т сейча́с на дра́ных матра́сах совсе́м ря́дом со мной. И я зна́ю, что ты́сячи их стоя́т сейча́с на Пло́щади Револю́ции и на Боло́тной. В Москве́ и в други́х города́х страны́.

　Нет никаки́х репре́ссий и дуби́нок. Нет задержа́ний и аре́стов на 15 су́ток. Всё э́то чушь. Нельзя́ изби́ть и арестова́ть со́тни ты́сяч и миллио́ны. Нас да́же не запуга́ли, а про́сто на како́е-то вре́мя убеди́ли, что жизнь жаб и крыс, жизнь безмо́лвных ското́в, э́то еди́нственный спо́соб получи́ть в награ́ду стаби́льность и экономи́ческий рост.

◆◇単 語◇◆

неизбе́жный
不可避の、必然の
беспоря́док
無秩序、混乱
мо́щный
強力な、強大な
досто́инство
尊厳、品位
ба́рхатный
ビロードの、柔らかい
включа́ться
始動する
выключа́ться
消える、止まる
чино́вник
役人
избира́тельный
選挙の
репре́ссия
弾圧、懲罰
дуби́нка
こん棒《小》
задержа́ние
拘留、拘禁
чушь
ばかげたこと、たわごと
жа́ба
ヒキガエル
кры́са
クマネズミ、ラット
стаби́льность
安定、安定性

◎ポイント解説◎

◇ э́то は既述のことを指し示す指示代名詞。この場合は直前の боро́ться за свои́ права́（自分の権利のために戦う）を指す。4行下の э́то も同じ。◇ горя́щих < горя́щий ← горе́ть（燃える）の能動形動詞・現在形。горя́щих автомоби́лях で意味は「燃えている自動車」。複数前置格になっているのは前置詞の о（…について）に続くため。◇ са́мое < са́мый は性質を表す形容詞とともに用いられると、その最上級を作る。◇ нельзя́＋不完了体で「…してはいけない」と禁止を表す。◇ чу́вство со́бственного досто́инства「自尊心」◇ при「…の際に」при разгово́ре с《造》で「…との会話の際に」の意。◇ ты́сячи < ты́сяча 日本語の「千」の複数形は二千から九千までで、その先は「万」になるが、ロシア語では ты́сяча の次の単位が миллио́н（百万）なので ты́сяча の複数形は две ты́сячи（二千）から девятьсо́т девяно́сто де́вять ты́сяч

Мо́рок разве́ивается, и мы ви́дим, что ско́тское безмо́лвие ста́ло пода́рком то́лько ку́чке жу́ликов и воро́в, ста́вших миллиарде́рами. Э́та ку́чка и их меди́йная обслу́га продолжа́ют нас убежда́ть, что фальсифика́ция голосо́в в по́льзу их па́ртии жу́ликов и воро́в есть необходи́мое усло́вие нали́чия в кра́не горя́чей воды́ и дешёвых ипоте́чных креди́тов. Нас корми́ли э́тим 12 лет. Мы сы́ты по го́рло. Наста́ло вре́мя сбро́сить оцепене́ние.

Мы не скоты́ и не рабы́. У нас есть го́лос и у нас есть си́лы отста́ивать его́.

Все лю́ди с чу́вством со́бственного досто́инства должны́ чу́вствовать свою́ солида́рность друг с дру́гом. Нева́жно где они́ сейча́с на площадя́х, на ку́хнях и́ли в спецприёмниках. Мы чу́вствуем свою́ солида́рность с ва́ми и мы зна́ем, что мы победи́м. Ина́че быть про́сто не мо́жет. Мы говори́м вам: Оди́н за всех и все за одного́!

Обраще́ние Алексе́я к уча́стникам ми́тинга

◆◇ 単 語 ◇◆

мо́рок
闇、霧、靄（もや）

разве́иваться
吹き飛んで消える

безмо́лвие
沈黙、静寂

ку́чка
小さな集まり《小》

жу́лик
こそ泥、ペテン師

миллиарде́р
億万長者

меди́йный
マスメディアの

обслу́га
奉仕、サービス

фальсифика́ция
偽造、模造、すりかえ

ипоте́чный
担保・抵当権の

оцепене́ние
茫然自失、虚脱状態

отста́ивать
主張する

солида́рность
同調、連帯

（九十九万九千）までを指す。したがって ты́сячи を「数千」と訳すのは正確ではない。◇ нельзя́ ＋完了体で「…できない」と不可能を表す。この場合の арестова́ть（逮捕する）は完了体。◇ получи́ть в награ́ду「褒美にもらう」◇ ста́вших < ста́вший ← стать*（…になる）の能動形動詞・過去形。後ろから жу́ликов と воро́в を修飾している。「億万長者になったペテン師や泥棒」◇ в по́льзу《生》「…の利益のために、…に有利に」◇ корми́ли（養った）の主語 они́ が省略され、受動態になっている。「われわれはこうやって 12 年間、養われた」◇ сыт по го́рло「すっかり満腹だ」сы́тый の短語尾形は主語の性と数に応じて сыт（男）, сыта́（女）, сы́ты（複数）と変化する。◇ спецприёмник は孤児やホームレス、動物などを収容する特別な施設のこと。◇ про́сто「まったく、ほんとに」強調の助詞。◇「一人はみんなのために、みんなは一人のために」デュマの『三銃士』やラグビーの合い言葉としても有名。

Речь о народных изданиях

Л. Толстой

Вот что: давно уже — как я запомню — лет 30, завелись люди, которые занимаются тем, чтобы сочинять, переводить и издавать книги для грамотного простонародья, — то есть для тех людей, которые и по малограмотности, и по тому обществу, в котором они живут, и по бедности не могут выбирать книги, а читают те, которые попадают им в руки. Людей, таких издателей, — было довольно много и прежде — особенно развелось их много после воли, и с каждым годом, по мере того как увеличивалось число грамотных, увеличивалось и число сочинителей, переводчиков и издателей и теперь дошло до огромного количества. Сочинителей, составителей, издателей народных книг теперь бездна, но как было и прежде, так и теперь ещё не установилось правильное отношение между читателями из бедного народа и сочинителями и издателями.

◆ Лев Николаевич Толстой (1828.8.28 — 1910.11.7) 19世紀ロシアの小説家。教育家。代表作に『幼年時代』、『戦争と平和』、『アンナ・カレーニナ』、『イワン・イリイチの死』、『クロイツェル・ソナタ』『復活』などがある。

◇ вот что この что は指示代名詞で вот と共に用いて既述または後述のことを示す。相手に呼びかけて話を切り出す際のフレーズ。「実はね、あのね」この場合 вот にアクセントがある。〔例〕То есть я вот что не могу понять: если ты всё это хорошо знаешь и предвидишь, зачем же …（つまり、実は分からないんだ。君がこのことを全部よく分かっていて、お見通しだったのなら、一体どうして…）◇ лет 30（＝ примерно 30 лет）「およそ30年、30年くらい」数字と単位を表す名

◆◇単語◇◆

завести́сь※
出現する、出てくる

сочиня́ть
著作・作詞・作曲する

издава́ть
出版・発行・刊行する

гра́мотный
読み書きのできる

малогра́мотность
余り読み書きできないこと

попада́ть
命中する、はまり込む

изда́тель
出版者、発行所

развести́сь※
多数繁殖する

увели́чиваться
増える、大きくなる

коли́чество
量、数量

отноше́ние
態度、関係

訳例

大衆出版について

レフ・トルストイ

実はこういうことなのです。もうずいぶん前から、私の記憶では 30 年くらいでしょうか、読み書きのできる庶民のために、つまり、それほど読み書きができなかったり、自分の暮らす社会のせいや、貧困のために書物を選べなくて、たまたま手に入った書物を読んでいるような人々のために、文章を書き、翻訳し、出版する仕事に携わる人々が現れてきました。そのような出版関係者は、以前もかなり大勢いましたが、農奴解放後は特にたくさん輩出されました。そして毎年、読み書きのできる人数が増えるにつれて、作家や翻訳家、出版者の数も増え続け、今では大変な数にまでなっています。大衆本の作家や編集者、出版者は今や膨大な数に達していますが、昔と同様、今も貧しい庶民の読者と作家や出版者の正しい関係は、まだ確立されていないのです。

※詞の語順を倒置すると概数になる。◇ то́ есть〔接〕「つまり、すなわち、言い換えると、より正しく言えば」◇ по ме́ре того́ как ...「…するのに応じて、に従って」◇ до огро́много коли́чества「膨大な量にまで（達した）」◇ как …, так и ...「…のように ...」как бы́ло и пре́жде, так и тепе́рь で「以前もそうだったように今後も」◇ бе́здна「深淵；莫大な量」д は発音されない。これを名詞の複数生格 сочини́телей, состави́телей, изда́телей が修飾しているが、述語のように使われている。Сочини́телей, состави́телей, изда́телей наро́дных книг тепе́рь бе́здна（大衆本の作家や編集者、出版者の数は今や膨大です）

⓽ Как пре́жде чу́вствовалось, что тут что́-то не то, так и тепе́рь, несмотря́ на то, что ма́сса книг издаётся для наро́да, чу́вствуется, что е́сли не все э́ти кни́ги, то большинство́ не то, что сочини́тели, состави́тели и изда́тели не достига́ют того́, чего́ хотя́т, и чита́тели из наро́да не получа́ют того́, чего́ хотя́т.

Нельзя́ ли попра́вить э́то де́ло?

Пре́жде чем говори́ть о том, как, я ду́маю, мо́жно попыта́ться попра́вить э́то де́ло, на́до уясни́ть себе́ хороше́нько и са́мое де́ло, и в чём оно́ состои́т.

Де́ло, несомне́нно, состои́т в том, что одни́ лю́ди, зна́ющие, бога́тые и перепо́лненные зна́нием, жела́ют сообщи́ть э́то своё зна́ние други́м — лишённым его́, и не зна́ющие ничего́ и́ли о́чень ма́ло лю́ди сидя́т с раскры́тыми на вся́кое зна́ние рта́ми и гото́вы проглоти́ть всё, что им даду́т. Чего́ же, каза́лось бы, лу́чше?

◎ポイント解説◎

◇ не то「違う、だめだ」この то は不変で「必要なもの、期待どおりのもの」の意。〔例〕Э́то совсе́м не то.（これは全然違う、まるでだめだ）◇ того́, чего́ (они́) хотя́т 三人称・複数の主語 они́ が省略された場合、一種の受動態とみなせる。「(彼らが) 望んでいるもの」→「望まれているもの」◇ нельзя́ は動詞の不定形を要求するが、完了体が続くと「…できない」(不可能)、不完了体が続くと「…してはいけない」(禁止) の意味になる。ли は疑問文を作る助詞。ここでは動詞が完了体なので、нельзя́ ли попра́вить で「訂正・改善できないだろうか？」の意味になる。◇ пре́жде чем「…する前に」◇ де́ло состои́т в том, что …「問題は…だ、実は…という次第だ」の意。состои́т < состоя́ть（…にある、…から成る）〔例〕Да об э́том по́сле; де́ло состои́т в том, что я реши́лся напеча́тать мои́ запи́ски.（ええ、その件は後で。実は

◆◇ 単 語 ◇◆

ма́сса
多量、多数

издава́ться
出版・発行される

большинство́
大多数、大部分

состави́тель
編集者、作成者

наро́д
民衆、人民、大衆

попра́вить
改善する、誤りを正す

уясни́ть
明らかにする

состоя́ть
ある状態にある

перепо́лнить*
あふれさせる

лиши́ть
奪う、没収する

проглоти́ть
飲み込む

訳 例

　何だかおかしいのではないかと以前、感じていたように、今も、大衆のために多量の本が出版されているにもかかわらず、全てがダメな本ではないにしても、大多数はろくなものではなくて、作家や編集者そして出版者が望むべく水準まで達しておらず、読者大衆も望む物を受け取っていない感じがします。

　この問題を改善できないでしょうか？

　どうすればこの問題を改善できるかを話す前に、思うのですが、この問題の本質がどこにあるのか、よーく明らかにしなければならないでしょう。

　実は、明らかに、知識があり金持ちで知識にあふれている人達は、自分の知識を他人に、知識を奪われている人に伝えたいと願い、何も、あるいはほとんど知らない人たちは、あらゆる知識に口を開けてじっとして、与えられる物を今にも全部、飲み込もうとしているのです。でも、これで本当によいのでしょうか？

自分の手記を出版することに決めたんだ）◇ зна́ющие < зна́ющий「通暁した、経験ある、熟練した」後ろから лю́ди（人々）を修飾している。лю́ди の前の одни́ は「…だけ」の意。◇ лишённым < лишённый ← лиши́ть*《生》（…を奪う、没収する）の受動形動詞・過去。его́ は зна́ние（知識）を指す。други́м — лишённым его́ で「知識を奪われた他の人々に」の意。раскры́тыми < раскры́тый ← раскры́ть*（開く、空ける）の受動形動詞・過去。с раскры́тыми ... рта́ми で「…に口をぽかんと開けて」◇ гото́вы < гото́вый（準備のできた）ここでは不定形と用いられて「いつでも…する、今にも…しようとする」の意。◇ каза́лось бы「…らしく思えるかもしれない」事実に反する見かけを表す。Чего́ же, каза́лось бы, лу́чше? を言い換えると А действи́тельно ли всё так хорошо́, как мы ду́маем?（でも本当に、我々が思うように万事オーケーだろうか？）に。

⓾ Люди просвещённые хотят поделиться с другими, да ещё таким добром, которое не уменьшается от того, что его раздают другим. Казалось бы, только пожелай делиться просвещённые, и голодные будут довольны. А в деле передачи знающим знаний выходит совсем не то. Сытые не знают, что давать, пробуют то то, то другое, и голодные, несмотря на свой голод, отворачивают носы от того, что им предлагают.

Отчего это так? Я вижу только три причины: одна, что сытые не накормить хотят голодного, а хотят настроить голодного известным, для сытых выгодным образом; другая, что сытые не хотят давать того, что точно их питает, а дают только ошурки, которые и собаки не едят; третья, что сытые совсем не так сыты, как они сами воображают, а только надуты, и пища-то их самих не хороша.

◇ от +《生》で原因を表す。「…のために、…のせいで」от того, что его раздают другим で「他人にそれ（善意）分け与えたせいで」の意。◇ только пожелай 二人称以外に命令形が使われた場合、条件や譲歩を表す場合がある。только は「…しさえすれば」という意味の接続詞。全体で「教育のある人々が仮に（知識を）分かち合うことを望みさえすれば」の意。◇ просвещённые < просвещённый（教育のある、文化の高い）は本来は形容詞だが、ここでは名詞（教育のある人々）として使われている。後に続く голодные や сытые も同じ用法で、それぞれ「飢えた人々」「満腹な人々」の意。◇ в деле передачи знающим знаний「知っている人が知識を伝えるという問題には」◇ この то は中性名詞（不変）で「必要なもの、期待に添うもの」の意。〔例〕Это не то.（これは違う）◇ то то, то другое「あれやこれやを」то … то … は「あるいは…あるいは …」

◆◇単 語◇◆

подели́ться
分け合う、分配する

уменьша́ться
小さくなる、減少する

пожела́ть
望む、希望する

голо́дный
飢えた（人）

сы́тый
満腹した

отвора́чивать
背ける、脇へ向ける

предлага́ть
提案する、提供を申し出る

накорми́ть
養う、食べさせる

вы́годный
有利な

ошу́рки
食べ残し、残飯

наду́тый
高慢な、尊大な

訳 例

　啓蒙された人々は、他者と分かち合いたいと望みますが、それは他人に分け与えたからといって減るようなことのない善良さからなのです。仮に教育のある人々が知識を分かち合うことを望みさえすれば、知識に飢えた人々も満足するように思われがちです。が、知識のある人が知識を伝えるという問題には、全く違うことが生じるのです。満腹な人は何を与えたらいいのか分からないので、あれやこれを色々試みますが、飢えた人というのは、自分が飢えているにもかかわらず、自分に提供される物から顔をそむけるものなのです。

　これはどうしてでしょう？　私に分かるのは三つの原因だけです。一つは、満ち足りた人が飢えた人を養いたがらず、満ち足りた人に周知の有益な方法で、飢えた人を調教したがるのです。もう一つは、満ち足りた人は自分達を養ってくれている物そのものを与えたくなくて、犬も食わないような残飯だけを与えるのです。第三に、満ち足りた人も、自分自身が思うほどには満ち足りていなくて、単に高慢で、彼ら自身の食べ物自体もお粗末だからです。

「…だったり…だったり」の意。◇ ошу́рки, кото́рые и соба́ки не едя́т「犬さえ食わないような残飯」この主語は сы́тые で даю́т の目的語になっている。◇ не так …, как …「…なほど、それほど…ではない」〔例〕Всё не так про́сто, как мо́жет тебе́ показа́ться.（事は、お前が思うほど簡単じゃないんだ）◇ -то は他の語に付けて意味を強める助詞。「まさに…こそ」で пи́ща-то их сами́х не хороша́ は「まさに彼ら自身の食料こそが悪い」の意。

06 Ю. ガガーリン

Выступление перед стартом

Ю. А. Гагарин

CD 11 Дорогие друзья, близкие и незнакомые, соотечественники, люди всех стран и континентов!

Через несколько минут могучий космический корабль унесёт меня в далёкие просторы Вселенной. Что можно сказать Вам в эти последние минуты перед стартом?! Вся моя жизнь кажется мне сейчас одним прекрасным мгновением. Всё, что прожито, что сделано прежде, было прожито и сделано ради этой минуты. Сами понимаете, трудно разобраться в чувствах сейчас, когда очень близко подошёл час испытания, к которому мы готовились долго и страстно. Вряд ли стоит говорить о тех чувствах, которые я испытал, когда мне предложили совершить этот первый в истории полёт. Радость? Нет, это была не только радость. Гордость? Нет, это была не только гордость. Я испытал большое счастье быть первым в космосе, вступив один на один в небывалый поединок с природой.

◆ Юрий Алексеевич Гагарин (1934.3.9 — 1968.3.27) 1961年4月12日、ボストーク1号に乗って大気圏を飛び出して地球の周回軌道を飛行し、人類初の宇宙飛行士となる。1968年3月27日、ジェット機飛行訓練中の不慮の事故で34歳で亡くなる。宇宙から地球を眺めた様子を語った「地球は青かった」や「神はいなかった」等の言葉が有名。

◎ポイント解説◎

◇ выступление これは公衆の前での発言、演説、報告や出演、出場などのこと。◇ прожито, сделано ← прожить*（生き抜く、暮らす）と сделать*（する、行う）の受動形動詞・過去で短語尾・中性形。中性なのは関係代名詞の что がそれぞれの主語になっているから。всё はその先行詞。всё, что прожито, что сделано で「経験され、なされたことの全て」の意。◇ вряд ли

◆◇単語◇◆

старт	スタート、出発
соотéчественник	同国人、同胞
континéнт	大陸
простóр	広大な空間
вселéнная	宇宙
мгновéние	瞬間
разобрáться*	理解・分析する
испытáние	経験、体験
полёт	飛行
небывáлый	今までにない
поединок	一騎打ち

訳例

出発前の演説

ガガーリン

親愛なる友人、見知らぬ方に同胞の方、全世界と全大陸のみなさん。

数分後に強力な宇宙船が、私を宇宙の遥か彼方の空間に運んでくれます。出発前のこの最後の数分に、私が皆さんに何を語れるというのでしょう。私の全人生は、今、最高の一瞬のように思えます。これまで経験したこと、やってきたことのすべてが、このためにあったのです。我々が長く熱心に準備してきたこの実験が差し迫ったこの時に、様々な感情を分析するのが困難なのは、承知の通りです。史上初のこの飛行を成し遂げるよう提案されたときに私が味わった感情について語る価値など恐らくないでしょう。喜びでしょうか？ いいえ、単にそれだけではありませんでした。誇りでしょうか？ いいえ、それだけではありませんでした。自然との前代未聞の一騎打ちをして、宇宙で最初の人間になる大きな幸福を私は味わったのです。

「恐らく…ないだろう、まずだめだろう」の意。(= едвá ли) 次の стóит を否定している。◇ стóит < стóить ここでは「値段が…する」ではなくて「…する価値・意味がある」の意。否定の意味で使う場合には、不定形に必ず不完了体を用いる。〔例〕Для чегó стóит жить? (何が生きるに値するのか) ◇ не тóлько「…だけでなく」普通はこの後に но и が続いて не тóлько A, но и B で「Aだけでなく Bも」という形で使われる。英語の not only A, but also B と同様の表現。◇ быть 動詞の不定形が直前の名詞 счáстье を修飾している。счáстье быть пéрвым で「(宇宙で) 一番最初になる幸福」◇ вступив ← вступить*(はいる、始める) の完了体副動詞。「…して、した後で」などの接続詞の意味を含む。вступив в поединок с прирóдой で「自然と一騎打ちをして」の意。◇ один на один ① 二人きりで、差し向かいで ② 一対一で、一騎打ちで。

◎ 12 Мог ли я мечта́ть о бо́льшем? Но вслед за э́тим я поду́мал о той колосса́льной отве́тственности, кото́рая легла́ на меня́ пе́рвым соверши́ть то, о чём мечта́ли поколе́ния люде́й, пе́рвым проложи́ть доро́гу челове́честву в ко́смос. Назови́те мне большу́ю по сло́жности зада́чу, чем та, что вы́пала мне. И э́та отве́тственность ни пе́ред одни́м, ни пе́ред деся́тком люде́й, ни пе́ред коллекти́вом.

Э́та отве́тственность пе́ред всем сове́тским наро́дом, пе́ред всем челове́чеством, пе́ред его́ настоя́щим и бу́дущим. И е́сли, тем не ме́нее, я реша́юсь на э́тот полёт, то то́лько потому́, что я коммуни́ст, что име́ю за спино́й образцы́ бесприме́рного герои́зма мои́х соотечественников — сове́тских люде́й. Я зна́ю, что соберу́ всю свою́ во́лю для наилу́чшего выполне́ния зада́ния. Понима́я отве́тственность зада́чи, я сде́лаю всё, что в мои́х си́лах для выполне́ния зада́ния коммунисти́ческой па́ртии и сове́тского наро́да.

Сейча́с до ста́рта остаю́тся счи́танные мину́ты. Я говорю́ Вам, дороги́е друзья́, до свида́ния!

1961г.

◎ポイント解説◎

◇ ли は疑問文を作る助詞で、関係する語（疑問のポイントになる言葉）の直後に置かれる。文頭に「…ли」を持ってくるパターンで使われる。Мог ли я …? で「私は…できたか？」の意。◇ о бо́льшем は большо́й や вели́кий の比較級。5行目の большу́ю も同じ。アクセントの位置に注意。◇この пе́рвым は「（行動において）一番早い、他より先の」という形容詞だが、ここでは соверши́ть を修飾する副詞のように使われている。次の пе́рвым も同様に проложи́ть を修飾している。〔例〕Ты пе́рвым на́чал говори́ть об э́том.（君がこの件について最初に話しだしたんだ）なお соверши́ть と проложи́ть は不定詞で、отве́тственности（責任）を修飾し、その内容を示している。本来なら отве́тственности の直後に置かれるべきだが、отве́тственности を関係代名詞 кото́рая の節（кото́рая легла́ на меня́）が修飾している

◆◇単語◇◆

мечта́ть
夢見る

колосса́льный
巨大な、雄大な

отве́тственность
責任

челове́чество
人類

сло́жность
複雑さ

вы́пасть*
落ちる、当たる

деся́тка
10

коллекти́в
集団

настоя́щий
現在の、本当の

бесприме́рный
前例のない、比類ない

выполне́ние
遂行、実行

訳例

　これ以上に大きなことを夢見ることができたでしょうか？ でもその後、何世代もの人々が夢見たことを最初に遂行するのが、人類の宇宙への道を最初に開くのが私であるという大いなる責任について思いを馳せました。複雑さの点で、私に巡ってきた課題よりも大きな課題があるなら挙げてみてください。そしてこの責任は、一人や数十人、ある集団に対する責任ではありません。

　これは全てのソビエト国民、全人類、現在と未来の人類に対する責任です。にもかかわらず、もしも私がこの飛行を決断したとすれば、それは、私が共産主義者で、後に続く人に手本になるような、我が同胞の、ソビエト国民の比類なきヒロイズムがあるからに他なりません。もちろん、この課題を最大限に遂行するために、自分の意識の全てを集中します。課題に対する責任を理解しているので、全力で共産党とソビエト国民の課題を遂行するためなら何でもするつもりです。

　今、スタート前に、ほんの数分を残すのみとなりました。親愛なる皆さん、あなた方に言います、ごきげんよう！

1961 年

ため、離れてしまっている。◇ по сло́жности「複雑さの点で」この по は関係を表す前置詞で「…に関して、…の点で」の意。◇ この та は зада́ча で чем は比較級（ここでは бо́льшую）を伴い「…より」の意。чем та, что вы́пала мне で「私にまわってきた課題よりも」◇ ни「（ひとつも）…ない。なにも…ない」◇ тем не ме́нее「それにもかかわらず、だからといって」◇ наилу́чшего ＜ наилу́чший「最上の、極上の」（＝ са́мый лу́чший）。наи- は形容詞や副詞の主に最上級に付けて、最高度の性質などを表わす接頭辞。〔例〕наибо́льший（最大の）◇（быть）в си́лах で「…できる」後に動詞の不定形が続く場合もよくある。〔例〕Никто́ не в си́лах измени́ть мир.（誰も世界を変えることはできない）◇ счи́танные 元々は счита́ть*（数える、カウントする）の受動形動詞。ここでは「ほんのわずかの、数えるほどの」という形容詞。

39

実力錬成問題（3）

☆ 日本語を参考にしながら、ロシア語に訳してみましょう。

　全世界で、小屋や村に住み、巨大な貧困の足かせを断ち切ろうと戦っている民族に、どれほどの時間が必要だとしても、私たちは全力で彼らの自助努力を援助することを約束し、実際にそうします。それは共産主義者がそうしうるからでも、また彼らの好意を得るためでもありません。正しいことだから、そうするのです。もしも自由社会に多数の貧しい人を助けることができないとしたら、少数の豊かな人を保護することもできないでしょう。

（中略）

　世界中の主権国家の集まりである国際連合は、平和よりも戦争の手段が凌駕しているこの時代に、最後に残された希望の光です。私たちは国連が単なる非難応酬の場にならずに、新しい国や弱い国の後ろ盾として強化され、国連の定めのおよぶ地域が拡大するようにと、力を尽くすことを改めて誓います。

　最後に、私たちと敵対したいと願う国々に対しては、誓いではなく、次のような要請をしたいと思います。科学によって解き放たれた恐るべき破壊力によって、人類のすべてが意図的にせよ偶発にせよ自滅してしまう前に、双方の国で新たな平和を共に希求しましょう、と。

（中略）

　世界の長い歴史を通じて、自由がただならぬ危険にさらされたとき、自由を守る役目を授けられた世代は珍しい存在です。自由を守る責任を、私は恐れずに喜んで引き受けます。私たちの中に、ほかの国の人々や他の世代と境遇をかわりたいと望む人などいないと信じます。

　活力と信念と献身をもってこの試みに挑戦するならば、それが我が国と、我が国に奉仕する人々の道を照らすこととなり、炎のような輝きが真に世界を明るくするはずです。

　ゆえに、アメリカ国民の皆さん、自分のために国が何をしてくれるかを問うのではなく、自分は国のために何ができるかを問うてください。

世界各国の皆さん、アメリカが何をしてくれるかを問うのではなく、人間の自由のために、私たちが力を合わせてできることを問うてください。

最後に、あなたがたがアメリカ市民であろうと、世界市民であろうと、どちらにしても、私たちが皆さんに望むのと同じくらい高い水準の強さと犠牲を、私たちに対して求めてください。私たちにとって確かといえる唯一の報いは良心のよろこびであり、私たちの行いに最終的な審判を下すのは歴史です。神に祝福と助けを求めながら、この大切な世の中の先頭に立ち、前進しようではありませんか。神の御業が、地上で真に私たちのものとなることを念じて。

ジョン・F・ケネディ：大統領就任演説, 1961.1.20

原文

John F. Kennedy Inaugural Address — January 20, 1961

<...>

To those peoples in the huts and villages across the globe struggling to break the bonds of mass misery, we pledge our best efforts to help them help themselves, for whatever period is required, not because the Communists may be doing it, not because we seek their votes, but because it is right. If a free society cannot help the many who are poor, it cannot save the few who are rich.

<...>

To that world assembly of sovereign states, the United Nations, our last best hope in an age where the instruments of war have far outpaced the instruments of peace, we renew our pledge of support — to prevent it from becoming merely a forum for invective — to strengthen its shield of the new and the weak and to enlarge the area in which its writ may run.

Finally, to those nations who would make themselves our adversary, we offer not a pledge but a request — that both sides begin anew the quest for peace, before the dark powers of destruction unleashed by science engulf all humanity in planned or accidental self-destruction.

<...>

In the long history of the world, only a few generations have been granted the role of defending freedom in its hour of maximum danger. I do not shrink from this responsibility — I welcome it. I do not believe that any of us would exchange places with any other people or any other generation.

The energy, the faith, the devotion which we bring to this endeavor will light our country and all who serve it — and the glow from that fire can truly light the world.

And so, my fellow Americans: ask not what your country can do for you — ask what you can do for your country.

My fellow citizens of the world: ask not what America will do for you, but what together we can do for the freedom of man.

Finally, whether you are citizens of America or citizens of the world, ask of us the same high standards of strength and sacrifice which we ask of you. With a good conscience our only sure reward, with history the final judge of our deeds, let us go forth to lead the land we love, asking His blessing and His help, but knowing that here on earth God's work must truly be our own.

解答例

　Тем наро́дам, кото́рые по всей Земле́, в хи́жинах и деревня́х, борю́тся, разрыва́я око́вы ма́ссовой нищеты́, мы обеща́ем все́ми си́лами помога́ть обеспе́чивать себя́ сами́м, ско́лько бы вре́мени на э́то ни пона́добилось, и бу́дем де́лать так не потому́, что э́то мо́гут сде́лать коммуни́сты, и не потому́, что и́щем их благоскло́нности, а ра́ди справедли́вости. Е́сли свобо́дное о́бщество не спосо́бно помо́чь мно́жеству бедняко́в, оно́ не убережёт и немно́гих бога́тых.

……

　Всеми́рной ассамбле́е суверéнных госуда́рств, Организа́ции Объединённых На́ций, после́дней наде́жде на лу́чшее в наш век, когда́ ору́дия войны́ значи́тельно совершéннее ору́дий ми́ра, мы вновь обеща́ем подде́ржку, что́бы э́та организа́ция не преврати́лась в фо́рум для инвекти́в, что́бы она́ укрепи́ла свой щит, огражда́я молоды́е и сла́бые госуда́рства, что́бы она́ расши́рила сфе́ру де́йствия свои́х предписа́ний.

　Наконе́ц, к тем стра́нам, кото́рые пожела́ют стать на́шим проти́вником, мы обраща́емся не с обеща́нием, а с предложе́нием: обе́им сторона́м сле́дует за́ново нача́ть по́иски ми́ра, пре́жде чем тёмные разруши́тельные си́лы, вы́свобожденные нау́кой, поглотя́т челове́чество в предумы́шленном и́ли случа́йном самоуничтоже́нии.

……

◆◇**単語**◇◆

хи́жина
小屋

око́вы
かせ、鉄鎖、束縛

нищета́
赤貧、貧民

обеспе́чивать
保証する

справедли́вость
公平、正義

бедня́к
貧乏人

убере́чь*
保護する、かばう

суверéнный
主権のある、独立の

преврати́ться*
変化する

инвекти́ва
悪罵、罵倒

предписа́ние
指令、指示

проти́вник
敵対者、反対者

по́иск
探求、探索

разруши́тельный
破壊的な

поглоти́ть*
飲み込む

◎ポイント解説◎

◇ разрыва́я ← разрыва́ть（引き裂く）の不完了体副動詞。разрыва́я око́вы ма́ссовой нищеты́ で「多数の赤貧の鉄鎖を断ち切りながら」◇ ско́лько бы вре́мени на э́то ни пона́добилось「たとえどれだけの時間がこれに必要だとしても」《疑問詞＋бы＋ни》で「たとえ…であろうとも」という意味の譲歩の文になる。動詞は過去形になるが、内容は未来を表す。◇ не …, а…「…ではなくて …」◇ совершéннее ← совершéнный（十分な）の比較級。◇《что́бы＋主語＋過去形》で「(主語)が…するために」の意。この後に続く2つの что́бы は同じ働きで、動詞の時制は過去形になるが、未来の内容を示す。◇ огражда́я ← огражда́ть（囲む、護る）の不完了体副動詞。огражда́я молоды́е и сла́бые госуда́рства で「幼く、弱い国を擁護しながら」◇ пре́жде чем …「…する前に」◇《быть の過去形＋受動形動詞（過去）》で「…は…された」とい

В до́лгой мирово́й исто́рии лишь немно́гим поколе́ниям в час велича́йшей опа́сности была́ дарова́на роль защи́тников свобо́ды. Я не уклоня́юсь от тако́й отве́тственности — я её приве́тствую. Я не ве́рю, что кто́-то из нас согласи́лся бы поменя́ться места́ми с любы́м други́м наро́дом, с любы́м други́м поколе́нием.

Эне́ргия, ве́ра, пре́данность, с кото́рыми мы берёмся за э́ту попы́тку, озаря́т на́шу страну́, всех, кто слу́жит ей; о́тблеск э́того пла́мени пои́стине мо́жет озари́ть весь мир.

Поэ́тому, дороги́е америка́нцы, не спра́шивайте, что страна́ мо́жет сде́лать для вас, — спроси́те, что вы мо́жете сде́лать для свое́й страны́.

Дороги́е согра́ждане ми́ра, не спра́шивайте, что Аме́рика сде́лает для вас, — спроси́те, что все мы вме́сте мо́жем сде́лать для свобо́ды челове́ка.

Наконе́ц, кем бы вы ни́ бы́ли — гражда́нами Аме́рики и́ли гражда́нами ми́ра, — тре́буйте от нас столь же высо́ких образцо́в си́лы и же́ртвенности, каки́х мы тре́буем от вас.

С чи́стой со́вестью, на́шим еди́нственным несомне́нным вознагражде́нием по́сле оконча́тельного суда́ исто́рии над на́шими посту́пками, пойдём вперёд, направля́я люби́мую страну́, прося́ Его́ благослове́ния и Его́ по́мощи, но зна́я, что здесь, на Земле́, де́ло Бо́жие пои́стине должно́ быть на́шим де́лом.

Инаугурацио́нная речь Д. Ф. Ке́ннеди. 20.01.1961г.

◆◇単 語◇◆

дарова́ть(*)
贈る、下賜する

защи́тник
庇護者、保護者

уклоня́ться
避ける、逃れる

поменя́ться
互いに交換する

попы́тка
企画、試み

озари́ть*
照らす、光明を与える

о́тблеск
反射、照り返し

согражда́нин
同胞、同国人

тре́бовать
要望する、期待する

образе́ц
見本、典型

же́ртвенность
犠牲

со́весть
良心

несомне́нный
疑いのない、確かな

вознагражде́ние
報酬、賞与

посту́пок
行為、振る舞い、行動

пои́стине
真に、実際に

う受動態（過去）。дарована ← дарованный は даровать* の受動形動詞・過去の短語尾・女性形。◇ была́ даро́вана роль ... 「…の役割が与えられた」◇ кто́-то「（不定の）誰か」《疑問詞＋-то》で不定代名詞や不定副詞を作る。◇ согласи́лся бы「…することに同意したい」◇《動詞の過去形＋бы》で仮定や希望などを表す。◇ не спра́шивайте「問うてはいけません」不完了体の否定の命令形は、禁止を表す。◇ спроси́те「問うてください」完了体の肯定の命令文は、ある状況で、新たな行為（相手にとって予定外. 想定外の行動）を促す際に使う。◇ согра́ждане は согражда́нин「市民」の複数形。◇ кем бы вы ни́ бы́ли「あなた方が（アメリカ国民であろうとなかろうと）だれであろうと」◇ столь же それほど、かくも ◇ каки́х＜ како́й 関係代名詞「…のような…」каки́х мы тре́буем от вас で「我々があなた方に要求するような…」◇ направля́я ← направля́ть（方向付ける、導く）、прося́ ← проси́ть（願う、乞う）、зна́я ← знать（知る）これらはすべて不完了体副動詞。

07 А. Сахаров

Речь А. Д. Сахарова при присуждении ему почётной степени доктора гуманитарных наук университета Стэйтен-Айленд

🅒 13 Изменения во внутренней жизни Советского Союза, предложенные Горбачёвым, важны и необходимы. Я хочу верить в серьёзность его намерений. Но то, что сделано к настоящему моменту — это просто начало. Они коснулись только поверхности монолита советского общества. Во многих отношениях этот процесс противоречивый. Они правильны в том, что касается гласности, так называемого "индивидуального предпринимательства" и основных вопросов, которые Горбачёв вынес на январский пленум Центрального комитета.

......

Человечество нуждается в ядерной энергии в мирных целях. Мы должны обеспечить полную безопасность ядерных установок и устранить любую возможность повторения инцидентов типа Чернобыльской аварии.

◉ポイント解説◉

◆ А. Д. Сахаров (1921.5.21 — 1989.12.14) ソ連の水素爆弾開発に携わった物理学者で「ソ連水爆の父」と呼ばれた。後半生は反体制運動家、人権活動家としてソ連の改革を主張したために、1986 年ゴルバチョフによって解除されるまで流刑された。

◆ Михаил Сергеевич Горбачёв (1931.3.2 —)1985 年 3 月にソビエト連邦共産党書記長に就任し、ペレストロイカ（改革）とグラスノスチ（情報公開）などの改革を断行したが、1991 年の「8 月クーデター」にあい、結果としてソ連邦の崩壊を招いた。

◇ Советского Союза < Советский Союз「ソビエト連邦」正式な名称は Союз Советских Социалистических Республик「ソビエト社会主義共和国連邦」1922 年に世界初の社会主義国

◆◇単語◇◆

изменéние
変化、変動

необходи́мый
不可欠な、必然の

намéрение
企図、もくろみ、意向

монолит
一枚岩

противоречи́вый
矛盾する、対立する

гла́сность
情報公開

предпринима́-тельство
企業活動、ビジネス

плéнум
総会、全体会議

я́дерный
核の

обеспéчить
供給する、保障する

инцидéнт
事件、出来事

訳例

スタントン・アイランド大学名誉文学博士受賞スピーチ

サハロフ博士

　ゴルバチョフによって提案されたソ連の国内生活上の変革は、重要で不可避のものです。私は彼の意向が真剣であると信じたい。しかし、現在までになされた事は、単なる始まりにすぎません。この変化は、ソビエト社会という一枚岩の表面をかすっただけにすぎません。多くの点で、このプロセスは矛盾するものです。グラスノスチや、いわゆる「個人の企業活動」、それにゴルバチョフが1月の中央委員会の総会で持ち出した基本的な問題に関しては、間違っていません。

（中略）

　人類には、平和目的のための核エネルギーが必要です。私たちは、核施設の完全な安全を保障し、チェルノブイリタイプの事故を繰り返すようなどんな可能性も排除しなければなりません。

として成立し、1991年にエリツィン主導で解体された連邦国家。◇ вéрить в《対》…を信じる、期待を抱く ◇ сдéлано < сдéланный ← сдéлать*（する、行う）の受動形動詞・過去で、短語尾中性形。то, что сдéлано で「なされたこと」 ◇ гла́сности < гла́сность ゴルバチョフがソビエト連邦共産党書記長時代に、ペレストロイカの重要な一環として展開した情報政策。日本語訳は「情報公開」。◇ так называ́емого < так называ́емый「いわゆる」◇ нужда́ется < нужда́ться в《前》（…を必要とする、…を欠く、…が不足する）◇ Черно́быльская ава́рия 1986年4月26日にソビエト連邦（現ウクライナ）のチェルノブイリ原子力発電所4号炉で起きた、国際原子力事象評が最悪のレベル7に分類した原子力事故。爆発した4号炉をコンクリートの石棺で封じ込めるために、延べ80万人の労働者が動員された。

⓯14 Устано́вки, производя́щие я́дерную эне́ргию, мо́гут и должны́ быть лу́чше с экологи́ческой то́чки зре́ния, чем ста́нции, сжига́ющие ископа́емое то́пливо.

Подзе́мное расположе́ние я́дерных реа́кторов таки́м о́бразом, что́бы они́ бы́ли покры́ты не́сколькими десятка́ми я́рдов земли́, явля́ется оптима́льным реше́нием. Должно́ быть междунаро́дное соглаше́ние по подзе́мному размеще́нию я́дерных электроста́нций. Я́дерная безопа́сность явля́ется не то́лько вну́тренним де́лом одно́й страны́ — э́тот уро́к до́лжен быть извлечён из Черно́быля.

Я призыва́ю защи́тников окружа́ющей среды́ и гражда́нские организа́ции не тра́тить все уси́лия на борьбу́ с я́дерной эне́ргией. Э́то нереалисти́ческий и вре́дный подхо́д к пробле́ме. Ну́жно боро́ться за безопа́сность я́дерных электроста́нций.

◎ポイント解説◎

◇ производя́щие < производя́щий ← производи́ть（引き起こす、製造する）の能動形動詞・現在。сжига́ющие < сжига́ющий ← сжига́ть（燃やす）の能動形動詞・現在。能動形動詞（現在）は①第１変化の場合は動詞の現在語幹に -ющий / -ущий を②第２変化の場合は -ящий / -ащий を付ける。◇ таки́м о́бразом, что́бы ...「…できるような姿・形態で」の意味で、расположе́ние（配置されること）を修飾している。イディオムの таки́м о́бразом（こうして、従って）ではないので注意。この что は接続詞で「…するところの、…するような」の意で、直前の名詞 о́браз（様子、形態）を説明している。бы は動詞の過去形と共に用いられる願望を表す助詞。〔例〕Приглаше́ние бы́ло соста́влено таки́м о́бразом, что они́ могли́ е́хать в любо́е вре́мя с ию́ня по сентя́брь.（招待状は、彼らが６月から９月にかけて好きな時に行

◆◇単語◇◆

устано́вка
設備、装置

экологи́ческий
生態の、環境保護の

зре́ние
視力、視野

ископа́емый
化石、鉱物

расположе́ние
配置、位置

оптима́льный
最適の、条件に最も適する

соглаше́ние
調和、同意、協定

размеще́ние
配置、設置

извле́чь*
抽出する、得る

защи́тник
保護者、弁護人

вре́дный
有害な

訳 例

　核エネルギーを生産する施設は、エコロジーの観点から、化石燃料を燃やす施設よりも優良であり得るし、優れているはずです。

　核反応炉を、数十の地殻で覆われるように地下に設置するのは、最適な決定です。原子力発電所の地下への設置に関しては、国際協定がなければなりません。核の安全性は、一国内の問題ではありません。これはチェルノブイリから得た教訓であるはずです。

　私は、環境擁護者と保護者と市民団体に、核エネルギーとの戦いに、全力を挙げないように呼びかけます。これは問題に対する非現実的で有害なアプローチです。核エネルギーの安全性のために戦う必要があるのです。

けるように作成されていた）◇ покры́ты ← покры́ть*（覆う、かぶせる）の受動形動詞・過去。◇ должно́ быть これは「きっと…に違いない」という意味の挿入句ではなく、主語 междунаро́дное соглаше́ние（国際協定）の述語になっている。「…がなければならない」の意味。◇ быть извлечён из … 「…から抽出される」извлечён < извлечённый ← извле́чь*（抽出する、得る）の受動形動詞・過去で、短語尾・男性形。◇ призыва́ю < призыва́ть《対》＋不定形で、「…に … するように呼びかける、アピールする」の意。ここでは не тра́тить все уси́лия на борьбу́ с я́дерной эне́ргией とあるので「（環境保護者と市民団体に対して）核エネルギーとの戦いに全力を傾けないように（アピールしている）」の意。

47

08　Б. エリツィン

Проща́льная речь Б. Н. Е́льцина

🎧 15　Дороги́е россия́не! Оста́лось совсе́м немно́го вре́мени до маги́ческой да́ты в на́шей исто́рии.

Наступа́ет 2000 год. Но́вый век, но́вое тысячеле́тие. Мы все примеря́ли э́ту да́ту на себя́. Прики́дывали, снача́ла в де́тстве, пото́м повзросле́в, ско́лько нам бу́дет в 2000-ом году́, а ско́лько на́шей ма́ме, а ско́лько на́шим де́тям. Каза́лось когда́-то — так далеко́ э́тот необыкнове́нный Но́вый год. Вот э́тот день и наста́л.

Дороги́е друзья́! Дороги́е мои́! Сего́дня я в после́дний раз обраща́юсь к вам с нового́дним приве́тствием. Но э́то не всё. Сего́дня я после́дний раз обраща́юсь к вам, как Президе́нт Росси́и. Я при́нял реше́ние.

До́лго и мучи́тельно над ним размышля́л. Сего́дня, в после́дний день уходя́щего ве́ка, я ухожу́ в отста́вку. Я мно́го раз слы́шал — «Е́льцин любы́ми путя́ми бу́дет держа́ться за власть, он никому́ её не отда́ст». Э́то — враньё.

◆ Б. Н. Е́льцин (1931.2.1 — 2007.4.23) ロシア連邦の政治家で、同国の初代大統領。大統領在任中に８月クーデターに対する抵抗を呼びかけ、ロシア連邦の民主化を主導した。その後、独立国家共同体の樹立を宣言し、ソビエト連邦の歴史に幕を下ろした。

◎ポイント解説◎

◇ россия́не は россия́нин の複数形（主格）。よく耳にする ру́сский は「ロシア人、ロシアの」だが россия́нин は「ロシアの市民権を有する人」という意味であり、必ずしもロシア人であるとは限らないので注意。◇ немно́го の後にくる名詞は可算名詞の場合は複数生格が、不可算名詞の場合は単数生格がくる。немно́го は単数・中性扱いなので動詞は оста́лось となる。◇ повзросле́в ← повзросле́ть*（大人になる）の完了体副動詞。◇ когда́-то「（過去における）いつか、以前

◆◇単語◇◆

проща́льный
別れの

россия́не
（複）ロシア国民

маги́ческий
魔法の、奇跡的な

тысячеле́тие
千年

примеря́ть
試着する

прики́дывать
見当をつける、およその計算をする

повзросле́ть*
大人になる

приве́тствие
挨拶

мучи́тельно
苦しげに

отста́вка
引退

враньё
嘘

訳例

エリツィンのさよならスピーチ

親愛なるロシア国民の皆さん。歴史上、奇跡的な日時まで、ほんとうにごくわずかの時間しか残っていません。2000 年が到来するのです。新世紀、新しい千年紀です。私たちは皆この日を我が身に当てはめてきました。最初は幼年時代に、次に大人になってから、自分が、母親が、そして子供達が 2000 年に何歳になるのか、見当をつけてきました。この新年が、いつか本当に遠い先にあるように思われました。そしてその日が今やって来たのです。

親愛なる友人の皆さん、今日、あなた方に新年の挨拶をいたします。でもそれが全てではありません。大統領として、皆さんに話しかけるのは今日が最後になります。私は決心しました。

長く、苦しくそのことを色々と考えました。今世紀が終わる最後の日、私は引退します。私は何度も耳にしました「エリツィンはどんな手法を使ってでも権力にしがみつく。誰にも譲りはしない」と。それは嘘です。

に」◇ как これは前置詞で「…として」の意。как Президе́нт Росси́и「ロシアの大統領として」◇ вы́йти* [уйти́*] в отста́вку「退職する」ここで ухожу́ と不完了体の現在形を使って未来のことを言っているのは、動作が必ず行われるという確信を示し、はっきりと断言しているから。◇ слы́шать と слу́шать は英語の hear と listen に対応する。前者は「聞こえる、耳に入る」で後者は「聞く」の意。◇ любы́ми путя́ми「ありとあらゆる手を使って」путь は（何かを達成する）手段、方法。◇ держа́ться за《対》で「…につかまっている、すがっている」の意。власть は「権力」。бу́дет держа́ться で「しがみついているだろう」（合成未来）◇ отда́ст < отда́ть*「返す、譲る、手放す」完了体の未来形は、ある人や事物に特有な動作や特性を表す場合がある。он никому́ её не отда́ст. で「あいつはそれ（権力）を誰にも譲りはしない（そういう奴だ）」の意。

🎧 16 Де́ло в друго́м. Я всегда́ говори́л, что не отступлю́ от Конститу́ции ни на шаг. Что в конституцио́нные сро́ки должны́ пройти́ ду́мские вы́боры. Так э́то и произошло́. И так же мне хоте́лось, что́бы во́время состоя́лись президе́нтские вы́боры — в ию́не 2000 го́да. Э́то бы́ло о́чень ва́жно для Росси́и. Мы создаём важне́йший прецеде́нт цивилизо́ванной доброво́льной переда́чи вла́сти, вла́сти от одного́ Президе́нта Росси́и друго́му, вновь и́збранному.

И всё же я при́нял друго́е реше́ние. Я ухожу́. Ухожу́ ра́ньше поло́женного сро́ка. Я по́нял, что мне необходи́мо э́то сде́лать. Росси́я должна́ войти́ в но́вое тысячеле́тие с но́выми поли́тиками, с но́выми ли́цами, с но́выми, у́мными, си́льными, энерги́чными людьми́. А мы — те, кто стои́т у вла́сти уже́ мно́гие го́ды, мы должны́ уйти́.

Посмотре́в, с како́й наде́ждой и ве́рой лю́ди проголосова́ли на вы́борах в Ду́му за но́вое поколе́ние поли́тиков, я по́нял: гла́вное де́ло свое́й жи́зни я сде́лал. Росси́я уже́ никогда́ не вернётся в про́шлое. Росси́я всегда́ тепе́рь бу́дет дви́гаться то́лько вперёд.

◎ポイント解説◎

◇ この де́ло は「仕事」ではなく「問題、重要なこと」の意。Де́ло в друго́м. で「問題は別の所にある」の意。〔例〕Вот э́то де́ло!（それが肝心なことだ）その他に Де́ло в том, что … （実は…）や друго́е де́ло（別問題）などもよく使われる言い回し。◇ отступлю́ < отступи́ть*（後退する）не отступи́ть ни на шаг で「一歩も、少しも離れない」の意。◇ должны́「…しなければならない、…する義務がある」主語の性と数に応じて男性→ до́лжен, 女性→ должна́, 中性→ должно́ と語尾変化する。ここでは вы́боры（選挙）が複数形なので должны́ となっている。◇ важне́йший < ва́жный「重要な、大切な」の最上級。形容詞の最上級は①語尾を -е́йший/ -а́йший にする他に ② наибо́лее をつけたり ③ са́мый をつける方法がある（①は文語的②は学術的で③が最も一般的）◇ всё же「それでもやはり、しかし」（= тем не ме́нее）〔例〕Всё же

◆◇単語◇◆

отступи́ть*
後退する、放棄する

конститу́ция
憲法

ду́мский
国会（ду́ма）の

вы́бор
選択、選挙

прецеде́нт
前例、先例

переда́ча
明け渡し、移譲

поло́женный
一定の、規定の

поли́тик
政治家

проголосова́ть*
投票する

Ду́ма
国会（下院）

дви́гаться
動く

訳例

ポイントは違うところにあります。私が常に言っていたのは、憲法から逸脱しないということです。憲法の定める期間に国会議員選挙が行われなければなりません。そうなりました。同様に私が望んだのは、しかるべき時に、つまり2000年6月に、大統領選が行われることでした。これはロシアにとって非常に重要でした。我々は、文明化された自発的な権力移行、つまり一人のロシア大統領から、新たに選ばれる別の大統領に対する権力の移譲という最重要の先例を創出するのです。

それにもかかわらず、私は別の決断をしました。私は去ります。規定の期限よりも早く引退します。こうすることが不可欠なのを理解しました。新しい政治家と、新しい人物と、新しい、賢明で力のある、エネルギッシュな人々と、ロシアは新しい千年紀を迎えるべきです。一方、私たちはもう長年、権力の側にいました、引退すべきなのです。

国会議員選挙で、どのような希望と信念で人々が新たな世代の政治家に投票するのかを見て、自分の人生で主要なことをやり遂げたのを私は理解しました。ロシアは決して過去に後戻りしません。ロシアは常に今後も、前に進むのみです。

я прав.（それでもやはり私が正しい）◇ кто は関係代名詞で先行詞は те（人々）。те, кто ... で英語の those, who .. にあたる。明らかに複数形の内容だが、кто は文法上単数扱いのため、動詞は стои́т と単数になっている。стоя́ть は「（地位・任務に）ついている」の意。стоя́ть у вла́сти「権力の座についている」те, кто стои́т у вла́сти уже́ мно́гие го́ды で「すでに多年にわたって権力の座についている人々（である）」の意。◇ посмотре́в ← посмотре́ть*（見る）の完了体副動詞。「…を見て、…を見た後で」の意。проголосова́ли < проголосова́ть*「投票する、表決に加わる」の意。「…に」と言うとき、前置詞は за《対》をとる。〔例〕За кого́ вы голосова́ли?（あなたは誰に投票しましたか）◇ про́шлое「過去」これは形容詞 про́шлый（過ぎ去った、過去の）の中性語尾からできた名詞。変化は形容詞の長語尾形と同じ。「未来」なら бу́дущее となる。

◎17 И я не до́лжен меша́ть э́тому есте́ственному хо́ду исто́рии. Полго́да ещё держа́ться за власть, когда́ у страны́ есть си́льный челове́к, досто́йный быть Президе́нтом, и с кото́рым сего́дня практи́чески ка́ждый россия́нин свя́зывает свои́ наде́жды на бу́дущее!? Почему́ я до́лжен ему́ меша́ть? Заче́м ждать ещё полго́да?

Нет, э́то не по мне! Не по моему́ хара́ктеру! Сего́дня, в э́тот необыкнове́нно ва́жный для меня́ день, хочу́ сказа́ть чуть бо́льше ли́чных свои́х слов, чем говорю́ обы́чно.

Я хочу́ попроси́ть у вас проще́ния. За то, что мно́гие на́ши с ва́ми мечты́ не сбыли́сь. И то, что нам каза́лось про́сто, оказа́лось мучи́тельно тяжело́.

……

Я ухожу́. Я сде́лал всё что мог. И не по здоро́вью, а по совоку́пности всех пробле́м. Мне на сме́ну прихо́дит но́вое поколе́ние, поколе́ние тех, кто мо́жет сде́лать бо́льше и лу́чше.

2006.12

◇ держа́ться 不完了体の不定形が述語で使われると、その状況に即した想定内のしかるべき行為、早く行われるべき行為を示し、その開始を促す。〔例〕Сле́дующая ста́нция – «Охо́тный ряд». Нам выходи́ть.（次の駅は「アホートヌイ・リャート」です。降りなくては）Полго́да ещё держа́ться за власть? で「半年もの間、権力にしがみつかなければならないのか？」の意。◇ заче́м には同じ理由を訊く почему́ よりも非難めいたニュアンスがある。Заче́м ждать ещё полго́да? で「何故、半年も待たなくてはならないのか」の意。◇ по は「…に応じて、…にふさわしく」という意味の前置詞。э́то не по мне で「そんなのは私にふさわしくない」の意。また не по моему́ хара́ктеру で「私の性格にふさわしくない」の意。◇ чем は英語の than のように「…よりも」という比較を表す接続詞。бо́льше は мно́го の比較級。ли́чных свои́х слов と生格になってい

◆◇単語◇◆

меша́ть
邪魔する

есте́ственный
自然な

полго́да
半年

держа́ться
つかむ

досто́йный
…に値する

хара́ктер
性格

ли́чный
個人の

проще́ние
お別れ

сбы́ться
実現する

мучи́тельно
苦しいほどに

совоку́пность
総和、総体

訳例

　私は、この歴史の自然の歩みを邪魔してはいけないのです。国に強力な、大統領にふさわしい人がいるのに、まだ半年、権力にしがみつき、それぞれのロシア国民が将来に対して自分の希望をその人と今、実際に結びつけるでしょうか？　どうして私が彼の邪魔をすべきでしょう？　どうして、もう半年も待たなければならないのでしょうか。

　いいえ、これは私の流儀ではありません。私の性格にふさわしくありません。今日、私にとって尋常ならざるほど大切なこの日に、いつも話すよりも、より個人的な話をしたいのです。

　私は皆さんに許しを請いたい。あなた方の多くの夢が実現しなかったことに対してです。また、簡単だと思われたのに、実はひどく大変だったことに対して。

（中略）

　私は去ります。できることは全部やりました。そうするのは健康上の理由ではなく、あらゆる問題の影響を勘案してなのです。私の代わりに、新しい世代が、より多くをなし、よりよくなすことのできる人たちの世代が、到来するのです。

2006年12月

るのはその支配を受けているから。《比較級＋生格》の構文と混同しないこと。чуть бо́льше ли́чных свои́х слов で「(いつも話すよりも) 個人的な言葉を少しだけ多く」の意。◇ не А, а В 「АではなくВ」 И не по здоро́вью, а по совоку́пности всех пробле́м. で「健康上の理由ではなく、あらゆる問題全般を考えて」の意。◇ всё что мог これは всё что я мог де́лать と補うと分かりやすい。「私のできることは全て（やった）」◇ бо́льше は мно́го（多く）の、лу́чше は хорошо́（よく）のそれぞれの副詞の比較級。比較級は краси́вый（美しい）→ краси́вее のように語尾を -e や -ее のように変えるだけのもの（規則変化）と、мно́го → бо́льше のように形が全く変わるもの（不規則変化）がある。また бога́тый（金持ちの）→ бога́че や коро́ткий（短い）→ коро́че のように子音の交替が起こる場合もあるので注意。

53

実力錬成問題（4）

☆ 日本語を参考にしながら、ロシア語に訳してみましょう。

　今日、私はあなた方に話そう。仮に困難と失望が待ち受けていようとも、私には夢がある。それはアメリカン・ドリームに深く根ざした、ひとつの夢である。

　私には夢がある。「万人は生まれながらにして平等である。これが自明の理であると我々は考える」という基本理念を我が国が真の意味で受け入れ、実現する日が来るという夢が。

　私には夢がある。いつか、ジョージアの赤土の丘に、かつての奴隷の息子たちとかつての奴隷所有者の息子たちが、一緒に友愛のテーブルの席につく日がやって来るという夢が。

　私には夢がある。いつか、あの差別と抑圧の熱にうだる砂漠の州であるミシシッピー州さえもが、自由と正義のオアシスに変わる日がやって来るという夢が。

　私には夢がある。いつか、私の子どもたち4人が、肌の色でなく自分自身の中身で判断される、そんな国に住む日が必ずやって来るという夢が。今日、私には夢がある。

　私には夢がある。今日、知事は口を開けば州の内政への干渉だと言い、議会によって認められた法律の施行を承認拒否権と騒ぎ立てる、そんなアラバマ州にもいつかきっと、幼い黒人の少年少女が幼い白人の少年少女と手と手を取り合って、兄弟のように仲睦まじく歩いていけるような状況が生み出されるという夢が。

　今日、私には夢がある。私には夢がある。すべての谷が身を起こし、すべての山と丘が身を低くする。険しい道は平らに変わり、曲がりくねった場所はまっすぐになり、主の栄光が我らの前に顕現し、すべての死者が一緒にこれに満足する、そんな日がやって来るという夢が。

　これが我々の希望。この信仰を抱いて私は南部に帰って行こう。

　この信仰があれば、絶望の山から希望の石を切り出すこともできる。この信仰

があるなら、我が国民の騒々しい不協和音を、友愛の美しいシンフォニーに変えることもできる。この信仰があるから我々は共に働き、共に祈り、共に闘い、共に牢に入って共に自由のために立ち上がることができる。いつかきっと、自由になる日が来る、と知ってるから。

その日、ありとあらゆる神の子は新しい意味を込め、こう歌うのです。「わが国は汝の国、自由の地なれば、ここに謳わん。ここは父が骨を埋めた地、巡礼開拓者の誇り高き地なれば、ありとあらゆる山腹から自由の鐘よ、鳴れ！」

アメリカが偉大な国になるのであるならば、これは必ずや実現するだろう。

M・L・キング：私には夢がある,1963.8.28

Martin Luther King's Speech － I Have A Dream!　　August 28, 1963

　Let us not wallow in the valley of despair, I say to you today, my friends. And so even though we face the difficulties of today and tomorrow, I still have a dream. It is a dream deeply rooted in the American dream.
　I have a dream that one day this nation will rise up and live out the true meaning of its creed: "We hold these truths to be self-evident, that all men are created equal."
　I have a dream that one day on the red hills of Georgia, the sons of former slaves and the sons of former slave owners will be able to sit down together at the table of brotherhood.
　I have a dream that one day even the state of Mississippi, a state sweltering with the heat of injustice, sweltering with the heat of oppression, will be transformed into an oasis of freedom and justice.
　I have a dream that my four little children will one day live in a nation where they will not be judged by the color of their skin but by the content of their character. I have a dream today!
　I have a dream that one day, down in Alabama, with its vicious racists, with its governor having his lips dripping with the words of "interposition" and "nullification" — one day right there in Alabama little black boys and black girls will be able to join hands with little white boys and white girls as sisters and brothers.
　I have a dream today! I have a dream that one day every valley shall be exalted, and every hill and mountain shall be made low, the rough places will be made plain, and the crooked places will be made straight; "and the glory of the Lord shall be revealed and all flesh shall see it together."
　This is our hope, and this is the faith that I go back to the South with.
　With this faith, we will be able to hew out of the mountain of despair a stone of hope. With this faith, we will be able to transform the jangling discords of our nation into a beautiful symphony of brotherhood. With this faith, we will be able to work together, to pray together, to struggle together, to go to jail together, to stand up for freedom together, knowing that we will be free one day.
　And this will be the day — this will be the day when all of God's children will be able to sing with new meaning: My country 'tis of thee, sweet land of liberty, of thee I sing. Land where my fathers died, land of the Pilgrim's pride, From every mountainside, let freedom ring!
　And if America is to be a great nation, this must become true.　　＜…＞

解答例

Я говорю́ вам сего́дня, друзья́ мои́, что, несмотря́ на тру́дности и разочарова́ния, у меня́ есть мечта́. Э́то мечта́, глубоко́ укорени́вшаяся в Америка́нской мечте́.

У меня́ есть мечта́, что наста́нет день, когда́ на́ша на́ция воспря́нет и доживёт до и́стинного смы́сла своего́ деви́за: "Мы счита́ем самоочеви́дным, что все лю́ди со́зданы ра́вными".

У меня́ есть мечта́, что на кра́сных холма́х Джо́рджии наста́нет день, когда́ сыновья́ бы́вших рабо́в и сыновья́ бы́вших рабовладе́льцев смо́гут усе́сться вме́сте за столо́м бра́тства.

У меня́ есть мечта́, что наста́нет день, когда́ да́же штат Миссиси́пи, пусты́нный штат, изнемога́ющий от нака́ла несправедли́вости и угнете́ния, бу́дет превращён в оа́зис свобо́ды и справедли́вости.

У меня́ есть мечта́, что наста́нет день, когда́ че́тверо мои́х дете́й бу́дут жить в стране́, где о них бу́дут суди́ть не по цве́ту их ко́жи, а по тому́, что они́ собо́й представля́ют.

У меня́ есть мечта́ сего́дня. У меня́ есть мечта́, что наста́нет день, когда́ в шта́те Алаба́ма, губерна́тор кото́рого ны́не заявля́ет о вмеша́тельстве во вну́тренние дела́ шта́та и непризна́нии де́йствия при́нятых конгре́ссом зако́нов, бу́дет со́здана ситуа́ция, в кото́рой ма́ленькие чёрные ма́льчики и де́вочки смо́гут взя́ться за́ руки с ма́ленькими бе́лыми ма́льчиками и де́вочками и идти́

◆◇単語◇◆

разочарова́ние
失望、幻滅

мечта́
夢、願い

укорени́ться*
根付く、固定する

дожи́ть*
…まで生き長らえる

деви́з
モットー、標語

холм
丘、小山、丘陵

раб
奴隷

усе́сться*
着席する

пусты́нный
砂漠の

нака́л
灼熱、緊迫

угнете́ние
迫害、抑圧

че́тверо
四人、四個

губерна́тор
州知事

вмеша́тельство
干渉、口出し

непризна́ние
承認拒否

конгре́сс
国会、議会

◎ポイント解説◎

◇ несмотря́ на...「…にもかかわらず」 ◇ укорени́вшаяся ＜ укорени́вшийся ← укорени́ться*（根付く）の能動形動詞の過去。-ся 動詞の形動詞なので再帰形動詞という。語尾の -ся は -сь となることはない。 ◇ … что …「… という…」この что は接続詞で、直前の名詞（ここでは мечта́: 夢）の内容を説明している。 ◇ со́зданы ＜ со́зданный ← созда́ть*（創る）の受動形動詞・過去で、短語尾形。ここでは все лю́ди が主語で со́зданы はその述語になっている。 ◇ сыновья́ ← сын（息子）これも名詞の複数形の特殊変化。 ◇ изнемога́ющий ← изнемо́чь（疲れ果てる）の能動形動詞・現在で、штат を修飾している。 ◇ … бу́дет превращён в …「…は…へと変えられるだろう」 ◇ день, когда́ … この когда́ は関係副詞で先行詞が день。「…という日」 ◇ че́тверо 集合名詞で「4人、4個」などの意味がある。 бу́дут жить（暮らすだろう）の主語。 ◇ кото́рого 関係代名詞 кото́рый の生格で губерна́тор を後ろから修飾している。先行詞は

вме́сте, подо́бно бра́тьям и сёстрам.

У меня́ есть мечта́ сего́дня. У меня́ есть мечта́, что настанет день, когда́ все низи́ны подни́мутся, все холмы́ и го́ры опу́стятся, неро́вные ме́стности бу́дут превращены́ в равни́ны, искривлённые места́ ста́нут прямы́ми. вели́чие Го́спода предста́нет пе́ред на́ми и все сме́ртные вме́сте удостове́рятся в э́том.

Такова́ на́ша наде́жда. Э́то ве́ра, с кото́рой я возвраща́юсь на Юг.

С э́той ве́рой мы смо́жем вы́рубить ка́мень наде́жды из горы́ отча́яния. С э́той ве́рой мы смо́жем преврати́ть нестро́йные голоса́ на́шего наро́да в прекра́сную симфо́нию бра́тства. С э́той ве́рой мы смо́жем вме́сте труди́ться, вме́сте моли́ться, вме́сте боро́ться, вме́сте идти́ в тю́рьмы, вме́сте защища́ть свобо́ду, зна́я, что одна́жды мы бу́дем свобо́дными.

Э́то бу́дет день, когда́ все Бо́жьи де́ти смо́гут петь, вкла́дывая в э́ти слова́ но́вый смысл: "Страна́ моя́, э́то я тебя́, сла́дкая земля́ свобо́ды, э́то я тебя́ воспева́ю. Земля́, где у́мерли мо́и отцы́, земля́ го́рдости пилигри́мов, пусть свобо́да звени́т со всех го́рных скло́нов".

И е́сли Аме́рике предстои́т стать вели́кой страно́й, э́то должно́ произойти́.

"У меня́ есть мечта́" М. Л. Кинг 28.08.1963г.

◆◇単 語◇◆

подо́бно
…と同様に

низи́на
低地

ме́стность
土地、場所、地形

равни́на
平地、平野

вели́чие
偉大さ、壮大さ

сме́ртный
死の、死ぬべき

вы́рубить*
切り取る、採掘する

отча́яние
絶望、落胆

нестро́йный
調子外れの、乱れた

бра́тство
親交、親睦

тюрьма́
牢獄、監獄

защища́ть
守る、保護する

воспева́ть
賛美する

пилигри́м
巡礼者

склон
傾斜、斜面

Алаба́ма で губерна́тор кото́рого で「アラバマ州の知事」の意。◇ со́здана は созда́ть*（創る）の受動形動詞・過去で短語尾形。бу́дет со́здана ситуа́ция...「…という状況が創られるだろう」◇ взя́ться за́ руки「手を取り合う」◇ такова́ < тако́в 述語で「このようだ、そんな風だ」の意。主語の性と数に応じて тако́в, -а́, -о́, -ы́ になる。◇ превращены́ < превращённый ← преврати́ть*（変える、変化させる）の受動形動詞・過去で短語尾形。искривлённые < искривлённый ← искриви́ть*（曲げる、歪める）の受動形動詞・過去。◇ преврати́ть* … в …「…を…に変える」目的語は нестро́йные голоса́ на́шего наро́да「我が民族の調子外れの声」голоса́（声）は語尾が -а́ で終わる名詞の複数形。◇ вкла́дывая ← вкла́дывать（挿入する）の不完了体副動詞。но́вый смы́сл（新たな意味）が目的語。◇ пусть は主に一人称や三人称の動詞（現在・未来）とともに用いられて、命令・願望・欲求などを表す。「…に ... させろ、... すべきだ、... であってほしい」

09 И. БУНИН

Речь Ивана Бунина по случаю вручения ему Нобелевской премии

CD 18　Господа члены Академии, позвольте мне, оставив в стороне меня лично и мои произведения, сказать вам, сколь прекрасен ваш жест сам по себе. В мире должны существовать области полнейшей независимости.

Несомненно, вокруг этого стола находятся представители всяческих мнений, всяческих философских и религиозных верований. Но есть нечто незыблемое, всех нас объединяющее: свобода мысли и совести, то, чему мы обязаны цивилизацией.

Для писателя эта свобода необходима особенно, — она для него догмат, аксиома. Ваш же жест, господа члены Академии, ещё раз доказал, что любовь к свободе есть настоящий религиозный культ Швеции.

1933 г.

◆ Иван Алексеевич Бунин（1870.10.08 — 1953.11.8）ロシアの小説家、詩人。チェーホフが絶賛するほどの短編の名手。ロシア革命後、フランスへ亡命。ロシア人小説家として初のノーベル文学賞を受賞した。代表作に『暗い並木道』、『村』、『乾いた谷』、『生の杯』、『恋の文法』などがある。

◎ポイント解説◎

◇ по случаю「…の機会による、…のため」 ◇ позвольте ＜ позволить「…することを許す」позвольте мне сказать で「私が話すのをお許しください→私に話させてください」の意。 ◇ оставив ← оставить*（置く、残す）の完了体副動詞。в стороне「脇に、少し離れた所に」〔例〕Оставим это в стороне.（その話はこっちへ置いておこう） ◇ сколь《程度》（なんと、どれほど、いかに）（= насколько, как） сколь прекрасен で「なんと素晴らしいことか」《感嘆文》の

◆◇単語◇◆

вручéние 受賞

произведéние 作品

жест 身振り、手振り

существовáть 存在する

незавúсимость 独立

всячéский ありとあらゆる

мнéние 意見

незы́блемый 不動の、堅固な

цивилизáция 文明

дóгмат 教理、ドグマ

аксиóма 公理、自明の理

訳例

ノーベル賞受賞式での講演

イワン・ブーニン

（前略）

アカデミーの皆さん、すいませんが、私個人と私の作品のことはおいといて、あなた方の行為それ自体がどんなにすばらしいか言わせてください。世界には、完全に独立した領域が存在すべきです。

疑いもなく、このテーブルの回りには、あらゆる意見、あらゆる哲学、あらゆる宗教的信念の代表者がいます。でも、そんな私達を一つに結びつけるものがあります。それは思想と良心の自由です。私たちは文明のおかげでその恩恵を受けているのです。

作家にとってこの自由は特に不可欠です。それは作家には教義であり、公理であるのです。アカデミーの皆さん、まさにあなた方の行為は、自由への愛を、スウェーデンが本当に信仰のように崇拝していることを再び証明しました。

1933 年

意。◇ сам по себé「自分で、ひとりで、それ自体として、それ自身は」сам は主語の性に応じて女性名詞なら самá、中性名詞なら самó と変化する。ここでは жест が男性名詞なので сам となっている。◇ полнéйшей < полнéйший ← пóлный（…で一杯の、…に満ちた）の最上級。пóлный の後には生格がくる。◇ объединя́ющее < объединя́ющий ← объединя́ть（統一する、結合する）の能動形動詞（現在）。意味は「…を統一する…」объединя́ющее は前の нéчто（何か）を後ろから修飾しているため、中性語尾になっている。◇ обя́заны < обя́занный《与》「…に恩恵を受けている、おかげをこうむっている」の意。〔例〕Онá всем обя́зана тебé.（彼女はあらゆる点で君の恩恵を受けている）◇ же は直前の語を強調する助詞。ここでは ваш を強めで「まさにあなた方の」の意。◇ настоя́щий религиóзный культ「本物の信仰の崇拝」が主語 любóвь（愛）の補語になっている。

10 М. ショーロホフ

М. Шо́лохов. Но́белевская речь

(CD) 19 Мы живём в неспоко́йные го́ды. Но нет на земле́ наро́да, кото́рый хоте́л бы войны́. Есть си́лы, кото́рые броса́ют це́лые наро́ды в её ого́нь. Мо́жет ли не стуча́ть пе́пел её в се́рдце писа́теля, пе́пел необозри́мых пожа́рищ второ́й мирово́й войны́? Мо́жет ли че́стный писа́тель не выступа́ть про́тив тех, кто хоте́л бы обре́чь челове́чество на самоуничтоже́ние?

В чём же состои́т призва́ние, каковы́ зада́чи худо́жника, счита́ющего себя́ не подо́бием безуча́стного к людски́м страда́ниям божества́, вознесённого на Оли́мп над схва́ткой противобо́рствующих сил, а сы́ном своего́ наро́да, ма́лой части́цей челове́чества?

Говори́ть с чита́телем че́стно, говори́ть лю́дям пра́вду — подча́с суро́вую, но всегда́ му́жественную, укрепля́ть в челове́ческих сердца́х ве́ру в бу́дущее, в свою́ си́лу, спосо́бную постро́ить э́то бу́дущее.

◆ Михаи́л Алекса́ндрович Шо́лохов (1905.5.24 — 1984.2.21) ロシアの小説家。19世紀ロシア文学の伝統を継承するリアリズムの作家。ソビエト文学を代表する作家の一人。1965年にノーベル文学賞を受賞する。代表作に『静かなるドン』、『ひらかれた処女地』、『人間の運命』などがある。

◇ хоте́л < хоте́ть「欲する、欲しがる、望む」は抽象的なものや不定量なものが目的語のときは生格を、具体的なものや特定のものは対格を要求する。後者は口語的。бы は動詞の過去形について事実に反する仮定や現実に反する願望、遠回しの希望などを表わす。ここでは戦争を望むような民族など現実にはいないので хоте́л бы としている。4行下の хоте́л бы обре́чь も同じ。◇ про́тив は「…に反対して、敵対して」という意味の前置詞。про́тив тех, кто хоте́л бы... で「…することを望む人々に反対して」

◆◇単語◇◆

неспокóйный
不安な

стучáть
たたく、ノックする

пéпел
灰、あく

необозрúмый
果てしない、際限ない

пожáрище
大火事

самоуничтожéние
自己崩壊

призвáние
使命

подóбие
類似、同様

безучáстный
参加しない

божествó
神

схвáтка
武力衝突、試合

訳例

ノーベル賞スピーチ

ショーロホフ

　我々は不安な時代に生きています。しかし戦争を願う民族はこの世にいません。けれど、全民衆を戦いの炎に投げ込もうとする勢力が存在しています。戦争の灰が、第二次世界大戦の果てしない大火事の灰が、作家の心臓の動悸を引き起こさないでしょうか？　誠実な作家は、人類を破滅へと運命づけたい連中に反対の声をあげられないのでしょうか？

　自分を、対立する勢力の武力衝突を収めるオリンポスに祭り上げられた、人間の苦悩に同情するが関与しない神のごとき存在ではなく、自分の民族の息子、人類の小さな一部と思っている作家の使命は、どこにあるのでしょう？　どんな課題があるのでしょう？

　それは、読者と誠実に話すこと、時に厳しく、そして常に勇敢な真実を人々に話すことであり、人類の心にある未来への信仰を強固なものにし、この未来を建設できる力が自分にあると、人々に強く信じさせることです。

の意。◇ каковы́ < какóв「どのような」は主に述語として使われる。主語の性と数に応じて какóв, каковá, каковó, каковы́ と変化する。◇ считáющего < считáющий ← считáть*（みなす、思う）の能動形動詞の現在。◇ **не** подóбием безучáстного к людскúм страдáниям божествá, <…> **а** сы́ном своегó нарóда「人間の苦悩に同情するが関与しない神のごとき存在ではなく、自分の民族の息子と（自分をみなす芸術家）」これが считáющего の補語になっている。◇ вознесённого < вознесённый ← вознестú*（上昇させる、いい地位につかせる）の受動形動詞・過去。божествá, вознесённого на Олúмп で「オリンポス山まで上昇させられた（地位を高められた）神」の意。божествá は божествó の生格形で、後ろから подóбием を修飾しているので注意。◇ вéра в《対》で「…への信頼、信念、確信」

🎧 20　Быть борцо́м за мир во всём ми́ре и воспи́тывать свои́м сло́вом таки́х борцо́в повсю́ду, куда́ э́то сло́во дохо́дит. Объединя́ть люде́й в их есте́ственном и благоро́дном стремле́нии к прогре́ссу. Иску́сство облада́ет могу́чей си́лой возде́йствия на ум и се́рдце челове́ка. Ду́маю, что худо́жником име́ет пра́во называ́ться тот, кто направля́ет э́ту си́лу на созида́ние прекра́сного в ду́шах люде́й, на бла́го челове́чества.

Мой родно́й наро́д на свои́х истори́ческих путя́х шёл вперёд не по то́рной доро́ге. Э́то бы́ли пути́ первооткрыва́телей, пионе́ров жи́зни. Я ви́дел и ви́жу свою́ зада́чу как писа́теля в том, что́бы всем, что написа́л и напишу́, отда́ть покло́н э́тому наро́ду-тру́женику, наро́ду-строи́телю, наро́ду-геро́ю, кото́рый ни на кого́ не напада́л, но всегда́ уме́л с досто́инством отстоя́ть со́зданное им, отстоя́ть свою́ свобо́ду и честь, своё пра́во стро́ить себе́ бу́дущее по со́бственному вы́бору.

◎ポイント解説◎

◇ Быть борцо́м 不定詞が主語になっている。前ページの作家の使命・課題の内容が引き続き表明されている。「戦士になること」の意だが、不定詞は未来における必要・不可避な動作、または望ましい動作を表すので、ここでは「戦士にならなければならない」と訳すのも可。次の воспи́тывать（育てる）や объединя́ть（統一する）も同じ。за мир во всём ми́ре は「世界平和のために」最初の мир は「平和」で次の мир が「世界」の意。 ◇ повсю́ду, куда́ э́то сло́во дохо́дит. この куда́ は場所を表す関係副詞。先行詞は повсю́ду で「この言葉の届く所はどこでも」の意。 ◇ худо́жником име́ет пра́во называ́ться тот, кто ... 文が倒置されている。分かりやすく直すと次のようになる。тот име́ет пра́во называ́ться худо́жником「…という人が芸術家と呼ばれる権利を持つ」の意。кто は関係代名詞で тот は先行詞。 ◇ на бла́го челове́чества

◆◇単語◇◆

боре́ц
戦士

объединя́ть
統一する、結びつける

стремле́ние
希求

прогре́сс
進歩

возде́йствие
作用

направля́ть
統治する

пионе́р
パイオニア

тру́женик
働き者

напада́ть
攻撃・非難する

досто́инство
価値

честь
名誉

訳例

　世界平和の戦士であること、そして言葉が届く至る所で、そのような戦士を自分の言葉で育てることです。また自然で高貴な進歩への希求に人々を結びつけることです。芸術は、人間の知性と心に強力な力を持っています。芸術家と呼ばれる権利を持つ人は、この力を、人間の魂の中に素晴らしい物を創り出すために、また人類の繁栄のために向ける人です。

　我が祖国の民は、その歴史の道程において、平坦ではない道を先頭切って歩んできました。これは、人生の第一発見者の、パイオニアの道でした。私が、作家の課題であると今も昔も思っているのは、私の書いた物や書く物を読む全ての人に、つまりこの民衆の労働者、民衆の建設者、民衆の英雄にお辞儀をすることです。彼らは誰も非難することなく、常に威厳を持って自分達が創り出した物を、自由と名誉を、自分の選択で未来を建設する権利を守ることができました。

「人類の（幸福の）ために」◇ отда́ть покло́н《与》「…にお辞儀をする」ここで отда́ть と不定形になっているのは что́бы の後に続いているから。в том, что́бы всем... отда́ть покло́н「…という全ての人にお辞儀をすることに（作家としての課題を見いだしたし、見いだしている）」что написа́л и напишу́ は всем に掛かる関係代名詞節。「私が（過去に）書き、（今も）書いている全ての人（読者のこと）」всем は複数与格。◇ ни на кого́ не напада́л「誰人であろうとも攻撃・非難しなかった」これは疑問詞と ни を使った譲歩の構文。この前にある кото́рый は関係代名詞。先行詞は наро́ду-тру́женику, наро́ду-строи́телю, наро́ду-геро́ю の三つ。◇ со́зданное ＜ со́зданный ← созда́ть＊（創造する、生み出す）の受動形動詞・過去。ここでは語尾を中性形にして名詞として使っている。отстоя́ть＊ со́зданное「創造された物を守り抜く」◇ по со́бственному вы́бору「自分の裁量・選択で、好みで」

🄲🄳 21 Я хоте́л бы, что́бы мои́ кни́ги помога́ли лю́дям стать лу́чше, стать чи́ще душо́й, пробужда́ть любо́вь к челове́ку, стремле́ние акти́вно боро́ться за идеа́лы гумани́зма и прогре́сса челове́чества. Е́сли мне э́то удало́сь в како́й-то ме́ре, я сча́стлив.

Благодарю́ всех, кто нахо́дится в э́том за́ле, всех, кто присла́л мне приве́тствия и поздравле́ния в связи́ с Но́белевской пре́мией.

1965 г.

◇ хоте́л бы, что́бы 主語＋動詞（過去形）で「（できることなら）…することを望む、…してもらいたい」の意。мои́ кни́ги помога́ли лю́дям стать лу́чше... は英語の第5文型にあたる構造になっている。мои́ кни́ги〔主語〕помога́ли〔動詞〕лю́дям〔目的語〕стать〔補語〕で「私の本が、人々がより良くなるのを助ける」の意。次の стать чи́ще душо́й（魂が清くなる）と пробужда́ть любо́вь к челове́ку（人類への愛を呼び覚ます）も補語で、стремле́ние（希求、欲求）は пробужда́ть の目的語。акти́вно 以下が стремле́ние の内容になっている。◇ в како́й-то ме́ре「ある程度」◇ сча́стлив ＜ счастли́вый「幸福な」の短語尾形。形容詞の短語尾形は主に述語に使われる。その際、主語の性と数に応じて сча́стлив, сча́стлива, сча́стливо, сча́стливы と変化する。◇ в связи́ с《造》「…と関連して、…の結果」

◆◇単 語◇◆

пробуждáть
目ざめさせる

актѝвно
積極的に

идеáл
理想、極致

гуманѝзм
ヒューマニズム

привéтствие
挨拶

поздравлéние
祝い、祝辞

訳 例

　私の書籍が、人々がより良くなり、また魂がより清くなり、人間愛や、人類のヒューマニズムと進歩の理想のために、積極的に戦いたいとの願いを人々に呼び覚ますのに役立ってほしいと思います。ある程度これが成功するなら、私は幸せです。

　このホールにいらっしゃる皆さん、ノーベル賞に関して私に挨拶や祝福をくださった方々に、感謝致します。

1965 年

実力錬成問題（5）

☆ 日本語を参考にしながら、ロシア語に訳してみましょう。

　今日の最大の悪、平和の一番の破壊者は中絶です。今日ここにいる私たちは、私たちの両親が望んで生まれた子供たちでした。もしも私たちの両親が私達に同様なことをしようと決めていたら、私たちは存在しなかったでしょう。

　私たちの子供たちも願って生まれ、私たちは彼らを愛しています。しかし他の何百万もの子供はどうなるのかと自問したいのです。世界中の人々がインドやアフリカの子供たちの状態を懸念しています。そこでは栄養失調や、飢餓、その他の欠乏で子供達が亡くなっています。

　ところが何百万人もが、母親の意志がそうだからという理由だけで滅ぶのです。そしてまさにこれが一番世界を蝕んでいるのです。なぜって、もしも母親が自分の子供を殺すことができるなら、何が私があなたを殺すのを、またその逆も、妨げるのでしょうか？　何もありません。

　私たちはインドと世界中の人々にアピールします。子供たちのことを思い出しましょう！　国際児童年の今年、私たちは子供のために何をしたでしょう？

　今年の初めに私は言いました。生まれた子も、まだ生まれていない子も、一人一人が望まれるようにしましょうと。今は年度末ですが、私たちは本当にそうなるようにしたでしょうか？

（中略）

　私たちは社会事業に専念しているのではないと考えるのは間違いだと思います。もしかしたら、人々の考えでは私たちが社会事業をしていると思うかもしれませんが、実際は世界の本質について思索しているのです。なぜなら、キリストが24時間私たちといらっしゃるからです。

　あなたも私も、私たちは皆、24時間、彼とともにあります。私たちは皆、神を自分の家庭に居させる努力をすべきなのです。なぜって、一緒に祈る家族は、破壊されないからです。

　そのような家庭には、平和をもたらすために爆弾や武器は必要もなく、何も破壊する必要がないと確信します。ただ一緒にいてお互いを愛し、家庭内で愛の強さを汲み取りながら、隣人に平和と喜びもたらしてください。そうすれば存在するどんな悪も克服できるのです。

　世界にはそれほどの苦悩が、それほどの憎悪が、それほどの不幸が存在するのです。私たちは祈りと犠牲の力を借りて、自分の家庭から平和の創出を開始すべきです。愛は家庭で生まれ、大切なことは、私たちがどれだけできるかではなく、自分の仕事にどれだけ愛を込められるかなのです。

（中略）

　私たちの人生は素晴らしいものになるに違いないと思えるのです。なぜならイエスが私たちとともにいて、私たちを愛しているから。神が私たちを愛し、神が私たちを愛するように他者を愛せる可能性を私たち自身が持っていて、それも大事業ではなくささやかな現象で、偉大な愛を表すのを、常に私たちが思い出すなら、ここノルウェーに全世界の愛が集結するでしょう。

　ここから平和が生まれ、まだ生まれていない子供の生命の喜びが広がる中心地が形成されるなら、すばらしいことでしょう。

　あなたがこの惑星で平和の燃える松明になるなら、ノーベル平和賞はここノルウェーの人々によってもたらされた偉大な贈り物になるでしょう。

神の祝福がありますように！

マザー・テレサ：ノーベル平和賞授賞式でのスピーチ，1979.12.11

The Nobel Peace Prize 1979　Mother Teresa

　<…> And today the greatest means — the greatest destroyer of peace is abortion. And we who are standing here — our parents wanted us. We would not be here if our parents would do that to us.

　Our children, we want them, we love them, but what of the millions. Many people are very, very concerned with the children in India, with the children in Africa where quite a number die, maybe of malnutrition, of hunger and so on, but millions are dying deliberately by the will of the mother. And this is what is the greatest destroyer of peace today. Because if a mother can kill her own child — what is left for me to kill you and you kill me — there is nothing between.

　And this I appeal in India, I appeal everywhere: Let us bring the child back, and this year being the child's year: What have we done for the child?

　At the beginning of the year I told, I spoke everywhere and I said: Let us make this year that we make every single child born, and unborn, wanted. And today is the end of the year, have we really made the children wanted?　　<…>

　I believe that we are not real social workers. We may be doing social work in the eyes of the people, but we are really contemplatives in the heart of the world. For we are touching the Body of Christ 24 hours. We have 24 hours in this presence, and so you and I. You too try to bring that presence of God in your family, for the family that prays together stays together.

　And I think that we in our family don't need bombs and guns, to destroy to bring peace — just get together, love one another, bring that peace, that joy, that strength of presence of each other in the home. And we will be able to overcome all the evil that is in the world.

　There is so much suffering, so much hatred, so much misery, and we with our prayer, with our sacrifice are beginning at home. Love begins at home, and it is not how much we do, but how much love we put in the action that we do.　　<…>

　I think that this is something, that we must live life beautifully, we have Jesus with us and He loves us. If we could only remember that God loves me, and I have an opportunity to love others as he loves me, not in big things, but in small things with great love, then Norway becomes a nest of love.

　And how beautiful it will be that from here a centre for peace has been given. That from here the joy of life of the unborn child comes out. If you become a burning light in the world of peace, then really the Nobel Peace Prize is a gift of the Norwegian people. God bless you!

解答例

　Сегодня величайшим злом, величайшим разрушителем в мире является аборт. Мы — те, кто находится сегодня здесь, — были желанными детьми. И нас не было бы, если бы наши родители решили поступить с нами подобным образом.

　Наши дети тоже желанны, мы любим их. Но зададим себе вопрос: что происходит с миллионами других детей? Людей по всему миру очень тревожит положение дел в Индии, странах Африки, где дети умирают от плохого питания, голода и других лишений.

　Меж тем миллионы гибнут только по той причине, что такова была воля их матерей. И именно это сегодня вредит миру более всего. Ведь если мать способна убить собственного ребёнка, что тогда мешает мне убить вас, а вам — меня? Ничего.

　Я призываю людей в Индии и во всём мире: давайте вспомним о детях! А в этом году, который объявлен Годом ребёнка, что мы сделали для них?

　В начале года я говорила: давайте сделаем так, чтобы каждый новорождённый и ещё не рождённый ребёнок был желанным. Год подошёл к концу, но сделали ли мы их желанными?

　Я думаю, что это не верно — считать, что мы занимаемся исключительно социальной работой. Возможно, по мнению людей, мы — социальные работники, но на самом деле мы размышляем о сути мироздания. Ибо Христос с нами 24 часа в сутки.

　Все мы 24 часа находимся в его присутствии — и вы, и я. Все мы должны стараться привнести Бога в свои семьи, ведь семья, которая молится вместе, не может разрушиться.

◆◇**単語**◇◆

разрушитель
破壊者

аборт
妊娠中絶、堕胎

поступить＊
行動する、あしらう

тревожить
不安にさせる

питание
食事、食物、栄養

лишение
喪失、欠乏

гибнуть
滅亡する、破滅する

вредить
害する

призывать
呼びかける

объявить＊
公表する、指定する

рождённый
生まれた

исключительно
もっぱら、ただ

размышлять
熟考・思索する

суть
本質、核心、要点

мироздание
宇宙、世界

присутствие
在ること、出席

◎ポイント解説◎

　◇ величайшим < величайший ← великий（程度の大きい、偉大な）の最上級（やや文語的な表現）。◇ те, кто...「…する人々」◇ детьми ← дети（子供達）の造格（一時的な状態を示す）で、были の補語になっている。◇ И нас не было бы「我々は存在していないだろう」代名詞が нас になっているのは存在の否定生格だから。и は「…も」の意。◇ подобным образом 同様に ◇ меж тем ＝ между тем「そのうちに；ところが；にもかかわらず」◇ более всего「何よりも、一番」◇ если бы...「もしも…（だった）なら」ロシア語の仮定法は、過去・現在・未来の内容でも、すべて過去形で表す。◇ объявлен < объявленный ← объявить＊（公表する、宣言する）の受動形動詞・過去で短語尾形。в этом году, который объявлен Годом ребёнка で「国際児童年と宣言されている今年」◇ давайте ... 自分も含めて一緒に何かをしようと提案する場合の表現。◇ на самом деле「実は、実際は」◇ ибо「なぜならば」◇ должны

И я уве́рена, что тако́й семье́ не нужны́ бо́мбы и ору́жие, тако́й семье́ не ну́жно ничего́ разруша́ть, что́бы нести́ мир: про́сто бу́дьте вме́сте, люби́те друг дру́га, неси́те бли́жним мир, ра́дость, че́рпая си́лы в любви́ свои́х дома́шних. И тогда́ мы смо́жем победи́ть любо́е из существу́ющих зол.

　В ми́ре сто́лько страда́ний, сто́лько не́нависти, сто́лько несча́стий. Мы, с по́мощью на́ших моли́тв, на́ших жертв должны́ нача́ть твори́ть мир со своего́ до́ма. Любо́вь рожда́ется до́ма, и гла́вное не в том, что и ско́лько мы де́лаем, а з том, ско́лько любви́ вкла́дываем в своё де́ло.

......

　Мне ка́жется, что на́ша жизнь должна́ быть прекра́сной, и́бо с на́ми Иису́с, и он лю́бит нас. Е́сли бы мы всегда́ по́мнили, что Бог лю́бит нас, а у нас сами́х есть возмо́жность люби́ть други́х так же, как он лю́бит нас, не в дела́х больши́х, а в незначи́тельных проявле́ниях лю́бит велико́й любо́вью, тогда́ здесь, в Норве́гии, сосредото́чилась бы вся любо́вь ми́ра.

　Бы́ло бы прекра́сно, е́сли бы здесь образова́лся центр, отку́да исходи́л бы мир, исходи́ла ра́дость от жи́зни ещё не рождённого ребёнка.

　Е́сли вы бу́дете горя́щим фа́келом ми́ра на плане́те, тогда́ Нобелевская пре́мия ми́ра бу́дет вели́ким да́ром, да́нным нам норве́жцами.

Благослови́ вас Госпо́дь!

Речь на церемо́нии вруче́ния Но́белевской пре́мии Мать Тере́за

◆◇ 単 語 ◇◆

привнести́*
持ち込む、加える

разру́шиться*
壊れる、崩壊する

че́рпать
汲み取る、引き出す

победи́ть*
勝つ、克服する

страда́ние
苦悩、苦しみ

не́нависть
憎悪、憎しみ

моли́тва
祈祷、祈り

вкла́дывать
挿入する、注ぎ込む

незначи́тельный
つまらぬ、重要でない

проявле́ние
表明、発揮、現象

сосредото́читься*
集中・集結する

образова́ться*
出来上がる

исходи́ть
出る、発する、広がる

фа́кел
たいまつ

дар
贈り物、プレゼント

благослови́ть*
祝福する

「…しなければならない」◇ бли́жним < бли́жний これは形容詞（近い）ではなく「隣人、同胞」という意味の名詞で неси́те < нести́（運ぶ）の間接目的語になっている。直接目的語は мир（平和）と ра́дость（喜び）◇ гла́вное не в том, что … а в том … 「大切なのは…ではなくて … である」◇ че́рпая ← че́рпать（汲み取る）の不完了体副動詞。че́рпая си́лы в любви́ свои́х дома́шних で「自分の家庭内の愛の中から（種々の）力を汲み取って」◇ Е́сли бы ＋主語＋動詞〔過去〕で「もし…（であった）なら」の意。この形で過去や現在の事実の反対の事実（仮定）を表す。◇ … так же, как … 「…と同様 …」◇ отку́да 場所を表す関係副詞「そこから…する」◇ да́нным < да́нный ← дать*（与える、授ける）の受動形動詞（過去）。вели́ким да́ром, да́нным нам норве́жцами で「ノルウェー人によって与えられる偉大な贈り物」да́ром と造格なのは бу́дет の補語になっているから。◇ Благослови́ вас Госпо́дь! 演説の終わりの決まり文句。「神があなたがたを祝福されますように」

11 М. ゴルバチョフ

Речь М. С. Горбачёва на семинаре в Американском университете в Турции

🆑 22 Це́лью всей мое́й жи́зни бы́ло уничтоже́ние коммуни́зма, невыноси́мой диктату́ры над людьми́. Меня́ по́лностью поддержа́ла моя́ жена́, кото́рая поняла́ необходи́мость э́того да́же ра́ньше, чем я. И́менно для достиже́ния э́той це́ли, я испо́льзовал своё положе́ние в па́ртии и стране́.

И́менно поэ́тому моя́ жена́ всё вре́мя подта́лкивала меня́ к тому́, что́бы я после́довательно занима́л всё бо́лее и бо́лее высо́кое положе́ние в стране́.

Когда́ же я ли́чно познако́мился с За́падом, я по́нял, что я не могу́ отступи́ть от поста́вленной це́ли. А для её достиже́ния я до́лжен был замени́ть всё руково́дство КПСС и СССР, а та́кже руково́дство во всех социалисти́ческих стра́нах. Мои́м идеа́лом в то вре́мя был путь социа́л-демократи́ческих стран. Пла́новая эконо́мика не позволя́ла реализова́ть потенциа́л, кото́рым облада́ли наро́ды социалисти́ческого ла́геря. То́лько перехо́д на ры́ночную эконо́мику мог дать возмо́жность на́шим стра́нам динами́чно развива́ться.

◆ Михаи́л Серге́евич Горбачёв (1931.3.2 —) 1985 年 3 月にソビエト連邦共産党書記長に就任し、ペレストロイカ（改革）とグラスノスチ（情報公開）などの改革を断行したが、1991 年の「8 月クーデター」により、結果としてソ連邦の崩壊を招いた。

◎ポイント解説◎

◇ Це́лью всей мое́й жи́зни бы́ло... この文の主語は уничтоже́ние で動詞が бы́ло で補語が це́лью。быть の補語が造格になっているのは、主語の**一時的**な状態を表す。◇ ра́ньше, чем ...「…よりも早く」чем は英語の than に当たる接続詞。◇ всё бо́лее и бо́лее высо́кое 《всё+ 比較級 + 比較級》で「ますます…、いよいよ…」бо́лее は形容詞や副詞の前に置き、比較級を作る。◇ поста́вленный ← поста́вить*（立てる、置く）の受動形動詞・過去形で、「立てら

◆◇単 語◇◆

диктату́ра
独裁（政権）

по́лностью
完全に、十分に

достиже́ние
達成、成果

подта́лкивать
軽く突く、促す

после́довательно
首尾一貫して、徹底して

отступи́ть
後退する、離れる

замени́ть
取り替える、交替する

пла́новый
計画的な

потенциа́л
潜在能力

ла́герь
陣営、収容所

перехо́д
移行、転換

訳 例

トルコのアメリカ大学のセミナーでの講演

ゴルバチョフ

　私の人生の目的は、民衆に対する堪え難い独裁である共産主義の撲滅でした。私を完全に支えてくれたのは妻で、彼女は私以上にそれが不可欠なのを理解していました。まさにこの目的の達成のために、私は党と国における私の立場を活用したのです。

　まさしくそれ故に、妻はいつも私が一貫して国家における高い地位にどんどん就くように促してくれました。

　私が個人的に西欧と知り合った時、私は、この設定された目的から退けないと思いました。で、その達成のために、私は共産党とソ連邦のすべての指導部を、同様に社会主義国の首脳部を取り替えなければなりませんでした。当時の私の理想は、社会・民主主義の道でした。計画経済では、社会主義陣営の民衆の持つ潜在力を引き出すことはできませんでした。ただ市場経済への移行だけが、我が国をダイナミックに発展させる可能性を与えてくれたのです。

れた」という意味になる。◇ до́лжен был замени́ть「交替しなければならなかった」до́лжен と замени́ть の間に был を入れることによって過去形になっている。女性が主語の場合には должна́ была́ замени́ть となる。◇ КПСС は Коммунисти́ческая па́ртия Сове́тского Сою́за（ソビエト連邦共産党）の省略形。ソビエト国内では憲法により社会や国家における指導的立場が明記されて強固な一党独裁支配体制を築いた。ミハイル・ゴルバチョフ書記長は 1990 年に複数政党制を導入してソ連共産党の一党独裁に終止符を打った。◇ СССР は Сою́з Сове́тских Социалисти́ческих Респу́блик（ソビエト社会主義共和国連邦）の省略形。1922 年に世界初の社会主義国として成立し、1991 年に解体された連邦国家。◇ возмо́жность ＋不定形で「…する可能性」ここでは развива́ться が不定形で「発展する可能性」の意。

(CD) 23 Мне удало́сь найти́ сподви́жников в реализа́ции э́тих це́лей. Среди́ них осо́бое ме́сто занима́ют А. Н. Я́ковлев и Э. Г. Шевардна́дзе, заслу́ги кото́рых, в на́шем о́бщем де́ле про́сто неоцени́мы.

Мир без коммуни́зма бу́дет вы́глядеть лу́чше. По́сле 2000 го́да насту́пит эпо́ха ми́ра и всео́бщего процвета́ния. Но в ми́ре ещё сохраня́ется си́ла, кото́рая бу́дет тормози́ть на́ше движе́ние к ми́ру и созида́нию.

……

Когда́ Е́льцин разру́шил СССР, я поки́нул Кремль, и не́которые журнали́сты выска́зывали предположе́ние, что я бу́ду при э́том пла́кать. Но я не пла́кал, и́бо я поко́нчил с коммуни́змом в Евро́пе. Но с ним ну́жно та́кже поко́нчить и в А́зии, и́бо он явля́ется основны́м препя́тствием на пути́ достиже́ния челове́чеством идеа́лов всео́бщего ми́ра и согла́сия.

……

Путь наро́дов к действи́тельной свобо́де тру́ден и до́лог, но он обяза́тельно бу́дет успе́шным. То́лько для э́того весь мир до́лжен освободи́ться от коммуни́зма.

1999 г.

◆ А. Н. Я́ковлев（1923.12.2 − 2005.10.18）ソビエト連邦およびロシアの政治家、歴史学者。ゴルバチョフ政権時代の実質上のナンバー2としてペレストロイカを推進し、「ペレストロイカの設計者」、「ペレストロイカの良心」などと称された。

◆ Э. Г. Шевардна́дзе（1928.1.25 − 2014.7.7）ソビエト連邦及びグルジアの政治家。1985年からソビエト連邦の外務大臣を務めたが、1990年に「独裁が近づいている」と危機を訴え、電撃的に辞任した。1995年から2003年までグルジア大統領を務めた。

◇ про́сто これは「単に、簡単に」という意味の副詞ではなく「実に、全く、全然」という強調の助詞。〔例〕На́до же, совсе́м не боли́т! Про́сто чу́до!（信じられない、全く痛まないよ。実に奇跡だ）

◆◇単語◇◆

сподви́жник
戦友

заслу́га
功績、手柄

неоцени́мый
極めて貴重な、高価な

процвета́ние
繁昌、隆盛

тормози́ть
歯止めをかける、阻止する

созида́ние
創造、建設

разру́шить*
破壊する、崩壊させる

покину́ть*
見捨てる、立ち去る

предположе́ние
予想、推定

препя́тствие
妨害、障害

успе́шный
好結果の、大成功の

訳例

　この目的の実現のために、私は戦友を見つけることができました。その中で独自の位置を占めるのは、ヤコブレフ氏とシュワルナゼ氏で、私たちの仕事全般において、二人の功績は極めて貴重なものです。

　世界は、共産主義がなくなり、見晴らしがよくなりました。西暦2000年後には、平和と繁栄の時代がやってくるでしょう。しかし、私たちの世界には平和と創造への動きにブレーキをかけるような勢力がまだ、存続しているのです。

（中略）

　エリツィンがソ連を破壊し、私がクレムリンを去るときに、その際、私が涙を流すと予想したジャーナリストもいました。が、私は泣きませんでした。というのは、ヨーロッパで共産主義を根絶できたからです。しかし、アジアでも根絶する必要があります。なぜなら、共通の平和と同意という人類の理想達成への道において、共産主義が主要な障害になるからです。

（中略）

　人々の、現実の自由への道は長く困難ですが、それは必ずうまくいくでしょう。ただそのためには、全世界が共産主義から解放されなければならないのです。

1999年

◇ Кремль ＝モスクワ市の中心にある旧ロシア帝国の宮殿。ソ連時代にソ連共産党の中枢が置かれ、権力の中枢だった。現在はロシア連邦の大統領府や大統領官邸が置かれている。なお小文字の кремль は「城塞」の意。◇ бу́ду пла́кать 英語なら主節の動詞（ここでは выска́зывали：「言った」）の時制である過去に合わせて would cry となるところだが、ロシア語は日本語同様、時制の一致がないため бу́ду пла́кать と未来のままに（発言通りに）なっている。

12 キリル1世

Слово Патриарха Московского и всея Руси Кирилла

24 Предметом нашей особой заботы станет молодёжь, которая сегодня особенно остро нуждается в духовном руководстве. В эпоху нравственного релятивизма, когда пропаганда насилия и разврата похищает души молодых людей, мы не можем спокойно ждать, когда молодёжь обратится ко Христу: мы должны идти навстречу молодым людям — как бы это ни было трудно для нас, людей среднего и старшего поколения, — помогая им обрести веру в Бога и смысл жизни, а вместе с этим и осознание того, что есть подлинное человеческое счастье.

Сильная личность, сплочённая и многодетная семья, солидарное общество — всё это следствие того образа мыслей и того образа жизни, которые проистекают из искренней и глубокой веры.

◆ Патриарх Кирилл (1946.11.20 —) サンクトペテルブルク出身。2009年2月1日にモスクワ総主教（正式の称号はモスクワおよび全ロシアの総主教）に着座。大の和食好きとして知られている。2012年9月14日から18日にかけて、初代日本大主教聖ニコライの没後100周年を記念して来日した。

◎ポイント解説◎

◇倒置の文。語順は次の通り⇒Предметом нашей особой заботы〔ここまでが補語〕станет〔動詞〕молодёжь〔主語〕молодёжь を которая 以下の関係代名詞節が修飾しているので、この倒置は自然。「…のような若者が私たちの心配の種になるでしょう」の意。◇ когда 時を表す関係副詞。先行詞は эпоха（時代、時期）В эпоху нравственного релятивизма, когда ... で「…という、道徳的な相対主義の時代では」の意。◇ как бы это ни было трудно 譲歩の構文。「たとえそ

◆◇ 単 語 ◇◆

патриа́рх
総主教

интрониза́ция
登位式、着座式

предме́т
対象

молодёжь
若者

руково́дство
指導

релятиви́зм
相対主義

пропага́нда
プロパガンダ

развра́т
堕落、放蕩

обрести́*
獲得する

по́длинный
本当の

сплочённый
団結している

訳例

モスクワ総主教キリル1世の言葉

　私たちの特に心配の対象になるのが若者達です。彼らは今日、精神的な指導が特にひどく欠乏しています。道徳的な相対主義の時代にあって、暴力と堕落をあおるプロパガンダが若者の魂を盗み取っているのに、我々は若者がキリストのほうを向く時を穏やかに待っていることなどできないのです。若者と正面から向き合わなければなりません。それが我々中年の、老年の世代にとってどんなに困難であろうと、彼らが神と人生の意味への信仰を獲得し、それと同時に真の人間の幸福が何かを自覚させる手助けをしなければなりません。

　強い個人、団結している、子供の多い家庭、連帯している社会 —— これらすべては、誠実で深い信仰から生じる思想形式や生活様式の結果です。

れがどんなに困難だったとしても」〔例〕Я всю жизнь прорабо́тал на бла́го Оте́чества — как бы э́то ни́ было смешно́ и стра́нно.（私は生涯、祖国のために働き通した。たとえそれが滑稽で奇妙だったとしてもだ）◇ вме́сте с э́тим「それと同時に (= в то же вре́мя); しかしながら (= одна́ко)」ここでは前者の意味。◇ осозна́ние того́, что есть по́длинное челове́ческое сча́стье.「本当の人間の幸福とは何であるかの認識」これが ве́ру（信仰）と共に обрести́（獲得する）の目的語になっている。◇ 2つの о́браза（…のイメージ）が сле́дствие（結果）を後ろから修飾している。またこの о́браза は関係代名詞 кото́рые の先行詞。関係代名詞 кото́рый は、先行詞の性と数に応じて、例えば主格の場合 кото́рый（男）, кото́рая（女）, кото́рое（中）, кото́рые（複）と変化する。ここでは 2つの о́браза が先行詞のため、кото́рые になっている。

75

Наш христиа́нский долг — забо́титься о стра́ждущих, о сиро́тах, о бе́дных, об инвали́дах, о престаре́лых, о заключённых, о бездо́мных: обо всех, кому́ мы мо́жем помо́чь обрести́ наде́жду. Го́лос Це́ркви до́лжен стать в том числе́ и го́лосом сла́бых и лишённых вла́сти, взыску́ющих справедли́вости.

1 февраля́ 2009 го́да

◎ポイント解説◎

◇ стра́ждущих < стра́ждущий 元は страда́ть（苦しむ）の能動形動詞・現在（この形は文語的、страда́ющий というほうが普通）から派生した名詞。ここでは「悩み苦しむ人」の意味の名詞。 ◇ заключённых < заключённый 元は заключи́ть*（監禁する）の受動形動詞・過去。ここでは「囚人」の意味の名詞。 ◇ бездо́мных < бездо́мный「家のない（人）」普通「ホームレス」は бомж（челове́к без определённого ме́ста жи́тельства）と略されて呼ばれている。 ◇ в том числе́「…を（その数に）含めて」 ◇ лишённых < лишённый ← лиши́ть*（奪う）の受動形動詞・過去。「奪われた（人）」 го́лосом сла́бых и лишённых вла́сти で「弱者と権利を奪われた人の声に」の意。 ◇ взыску́ющих < взыску́ющий ← взыска́ть*（取り立てる、要求する）の能動形動詞・現在。ここでは「（公正を）要求する人々」の意。

◆◇単語◇◆

стра́ждущий
苦しむ人

сирота́
孤児

инвали́д
身体障害者

заключённый
収監者

бездо́мный
ホームレス

справедли́вость
公正、正義

訳例

　私たちキリスト教徒の義務は、苦悩する人、孤児、病人、障害者、老人、囚人、ホームレスの人たちに心を配ることです。私たちが希望を得る手助けのできる全ての人を気にかけることです。教会の声が、弱者や権利を奪われた人々も含めて、正義を探求する人々の声にならなければなりません。

2009年2月1日

実力錬成問題（6）

☆ 日本語を参考にしながら、ロシア語に訳してみましょう。

　　自分自身を愛するようになったとき、悲しみと苦悩とというものが、自分が自身の真理に逆らって生きているという予兆にすぎないのを理解しました。　今は、これが「自分自身である」ということを知っています。

　　自分自身を愛するようになったとき、まだ時が至ってなく、準備もできてないのに、その人に、そしてそれは私自身なのですが、その人自身の願いの遂行を押し付けるなら、どんなにひどく誰かを怒らせうるかを私は理解しました。今日、私はそれを「自尊心」と呼んでいます。

　　自分自身を愛するようになったとき、別の生活を渇望するのを止めると、今、自分を取り囲む暮らしが、成長のためのあらゆる可能性を私に提供しているのを、突然、知ることができました。　今日はこれを「成熟」と呼びます。

　　自分自身を愛するようになったとき、どのような状況でも、自分が正しい時に、正しい場所にいて、すべてがきわめて適切なタイミングで発生するのを理解しました。だから私は、いつも穏やかでいられます。今、私はそれを「自信」と呼んでいます。

　　自分自身を愛するようになったとき、自分の時間を盗んで将来の大きな計画を夢想するのを止めました。今日は、自分に喜びをもたらし、幸福にしてくれるものだけを、自分が大好きで、心を微笑ませてくれることだけをやっています。私は自分独自のリズムで、やりたいようにそれをやっています。今日、私はそれを「シンプル」と呼びます。

　　自分自身を愛するようになったとき、私は自分の健康を害するもの、食べ物、人々、物、状況のすべてから解放されました。私を低下させ、自分自身の道からそらす全てからです。今日、私はそれを「自己愛」と読んでいます。

　　自分自身を愛するようになったとき、常に正しくあるのを止めました。と、まさにそのとき、ますます間違うことが少なくなりました。今日、私はこれが「謙虚」なのだと分かりました。

　　自分自身を愛するようになったとき、過去に生きるのも、未来を心配するのも止めました。　今日、私は現在の一瞬だけに生きています。これを「満

足」と呼んでいます。

　自分自身を愛するようになったとき、自分の頭脳が私の邪魔をし得るのを、そのせいで病気にすらなり得るのを自覚しました。しかし、私の心に頭脳を結びつけることができると、頭脳は私の心の貴重な同盟者となりました。今日は、この関係を「心の知恵」と呼んでいます。

　私たちはもはや、口論や対立、自分自身や他人との問題を恐れる必要がありません。夜空の星々さえも衝突し、そのおかげで新しい世界が誕生しているのです。今日は、これこそが「生」であることを知っています。

チャップリン 70 歳の誕生日のスピーチ

Charlie Chaplin on his 70th birthday, speech As I Began to Love Myself
〈…〉
　As I began to love myself I found that anguish and emotional suffering are only warning signs that I was living against my own truth. Today, I know, this is "AUTHENTICITY".

　As I began to love myself I understood how much it can offend somebody as I try to force my desires on this person, even though I knew the time was not right and the person was not ready for it, and even though this person was me. Today I call it "RESPECT".

　As I began to love myself I stopped craving for a different life, and I could see that everything that surrounded me was inviting me to grow. Today I call it "Maturity".

　As I began to love myself I understood that at any circumstance, I am in the right place at the right time, and everything happens at the exactly right moment. So I could be calm. Today I call it "SELF-CONFIDENCE".

　As I began to love myself I quit stealing my own time, and I stopped designing huge projects for the future. Today, I only do what brings me joy and happiness, things I love to do and that make my heart cheer, and I do them in my own way and in my own rhythm. Today I call it "SIMPLICITY".

　As I began to love myself I freed myself of anything that is no good for my health — food, people, things, situations, and everything that drew me down and away from myself. At first I called this attitude a healthy egoism. Today I know it is "LOVE OF ONESELF".

　As I began to love myself I quit trying to always be right, and ever since I was wrong less of the time. Today I discovered that is "MODESTY".

　As I began to love myself I refused to go on living in the past and worry about the future. Now, I only live for the moment, where EVERYTHING is happening. Today I live each day, day by day, and I call it "FULFILLMENT".

　As I began to love myself I recognized that my mind can disturb me and it can make me sick. But As I connected it to my heart, my mind became a valuable ally. Today I call this connection "WISDOM OF THE HEART".

　We no longer need to fear arguments, confrontations or any kind of problems with ourselves or others. Even stars collide, and out of their crashing new worlds are born. Today I know THAT IS "LIFE"!

[解答例]

Когда́ я полюби́л себя́, я по́нял, что тоска́ и страда́ния — э́то то́лько предупреди́тельные сигна́лы о том, что я живу́ про́тив свое́й со́бственной и́стины. Сего́дня я зна́ю, что э́то называ́ется «Быть сами́м собо́й».

Когда́ я полюби́л себя́, я по́нял, как си́льно мо́жно оби́деть кого́-то, е́сли навя́зывать ему́ исполне́ние его́ же со́бственных жела́ний, когда́ вре́мя ещё не подошло́, и челове́к ещё не гото́в, и э́тот челове́к — я сам. Сего́дня я называ́ю э́то «Самоуваже́нием».

Когда́ я полюби́л себя́, я переста́л жела́ть друго́й жи́зни, и вдруг уви́дел, что жизнь, кото́рая меня́ окружа́ет сейча́с, предоставля́ет мне все возмо́жности для ро́ста. Сего́дня я называ́ю э́то «Зре́лость».

Когда́ я полюби́л себя́, я по́нял, что при любы́х обстоя́тельствах я нахожу́сь в пра́вильном ме́сте в пра́вильное вре́мя, и всё происхо́дит исключи́тельно в пра́вильный моме́нт. Я могу́ быть споко́ен всегда́.

Тепе́рь я называ́ю э́то «Уве́ренность в себе́».

Когда́ я полюби́л себя́, я переста́л красть своё со́бственное вре́мя и мечта́ть о больши́х бу́дущих прое́ктах. Сего́дня я де́лаю то́лько то, что доставля́ет мне ра́дость и де́лает меня́ счастли́вым, что я люблю́ и что заставля́ет моё се́рдце улыба́ться. Я де́лаю э́то так, как хочу́ и в своём со́бственном ри́тме. Сего́дня я называ́ю э́то «Простота́».

◆◇単 語◇◆

тоска́
憂鬱、憂愁、退屈

сигна́л
信号、合図

и́стина
真理、真実

оби́деть*
侮辱する、怒らせる

навя́зывать
結びつける、押し付ける

исполне́ние
遂行、実行、実現

переста́ть*
止める、止む

окружа́ть
囲む、取り巻く

зре́лость
成熟、成長

обстоя́тельство
事情、事態、状況

споко́йный
穏やかな、平静な

уве́ренность
確実、核心、信念

красть
盗む、掠める

мечта́ть
空想・夢想する

прое́кт
計画、企画、案

доставля́ть
届ける、提供する

◎ポイント解説◎

◇ сигна́л о том, что「…という合図、シグナル」 ◇ оби́деть кого́-то　оби́деть* は「怒らせる」という意味だが、「むっとさせる」感じで、怒りをあらわにさせる場合には рассерди́ть* を使う。また疑問詞に -то をつけると不定代名詞や不定副詞になるが、これは発話者にも分からず、明言できない場合に使う。 ◇ гото́в < гото́вый（準備のできた）の短語尾形・男性。 ◇ нахожу́сь < находи́ться（いる、在る） ◇ что заставля́ет моё се́рдце улыба́ться　この文は英語の使役動詞を使った第 5 文型：S（主語）V（動詞）O（目的語）C（補語）に相当する文。この場合 что（S）заставля́ет（V）моё се́рдце（O）улыба́ться（C）となる。意味は「私の心を微笑ませてくれるもの」что は先行詞を含む関係代名詞で「…のもの、こと」と訳す。 ◇ так, как …（≒

Когда́ я полюби́л себя́, я освободи́лся от всего́, что прино́сит вред моему́ здоро́вью — пи́щи, люде́й, веще́й, ситуа́ций. Всего́ что вело́ меня́ вниз и уводи́ло с моего́ со́бственного пути́. Сего́дня я называ́ю э́то «Любо́вью к самому́ себе́».

Когда́ я полюби́л себя́, я переста́л всегда́ быть пра́вым. И и́менно тогда́ я стал всё ме́ньше и ме́ньше ошиба́ться. Сего́дня я по́нял, что э́то «Скро́мность».

Когда́ я полюби́л себя́, я прекрати́л жить про́шлым и беспоко́иться о бу́дущем. Сего́дня я живу́ то́лько настоя́щим моме́нтом и зову́ э́то «Удовлетворе́нием».

Когда́ я полюби́л себя́, я осозна́л, что ум мой мо́жет мне меша́ть, что от него́ мо́жно да́же заболе́ть. Но когда́ я смог связа́ть его́ с мои́м се́рдцем, он сра́зу стал мои́м це́нным сою́зником. Сего́дня я зову́ э́ту связь «Му́дрость се́рдца».

Нам бо́льше не ну́жно боя́ться спо́ров, конфронта́ций, пробле́м с сами́ми собо́й и с други́ми людьми́. Да́же звёзды ста́лкиваются, и из их столкнове́ний рожда́ются но́вые миры́. Сего́дня я зна́ю, что э́то — «Жизнь».

Речь на со́бственное 70-ле́тие Ч. Ча́плин

◆◇単 語◇◆

заставля́ть
させる、強いる
ритм
リズム、調子
освободи́ться*
自由になる、なくなる
уводи́ть
連れ去る、そらせる
ошиба́ться
誤る、間違う
скро́мность
遠慮、謙遜
беспоко́иться
心配する、案じる
моме́нт
瞬間、ある時間
осозна́ть*
自覚する、理解する
меша́ть
妨げる、邪魔する
связа́ть*
つなぐ、関連させる
сою́зник
同盟国、盟邦
му́дрость
賢明、利口、深い知恵
конфронта́ция
対決、抗争、衝突
ста́лкиваться
衝突する、ぶつかる

потому́, что ...)「…なので、というのは…だから」◇ всё ме́ньше и ме́ньше「ますます少なく」всё は比較級と用いられると「ますます、どんどん」という強調の意味を持つ。◇ この всего́ は中性名詞 всё（すべて、いっさい）の生格で、関係代名詞 что の先行詞になっている。生格なのは前文の述語 освободи́лся от の支配を受けているから。◇ жить про́шлым 動詞 жить は造格を目的語に取ると「…を生き甲斐にして生きる、…を守って生きる」の意味になる。про́шлым は形容詞からできた名詞 про́шлое（過去）の造格。◇ зову́ < звать は対格を目的語に、そして造格もしくは対格を補語にとって「… を…と呼ぶ、…と名付ける」の意味になる。〔例〕Дава́й знако́миться. Меня́ зову́т Тама́рой.（初めまして。私はタマーラです）◇ бо́льше не「もはや…ない」

13 Б．アクーニン

Выступле́ние на ми́тинге "За че́стные вы́боры"

Бори́с Аку́нин

CD 25 Мы с ва́ми все здесь о́чень ра́зные. О́чень не похо́жие друг на дру́га. Поэ́тому у них возни́кла иллю́зия, что они́ мо́гут нас перессо́рить и заста́вить нас разби́ться на ку́чки. У них э́то не получи́лось и не полу́чится. По одно́й о́чень просто́й причи́не: чу́вство, кото́рое нас объединя́ет, многокра́тно сильне́е всех веще́й, кото́рые нас разделя́ют.

У нас бы́ло обсужде́ние ме́жду собо́й, как ну́жно назва́ть обще́ственное движе́ние, кото́рое зарожда́ется на на́ших глаза́х. Мы не пришли́ к о́бщему мне́нию. А ме́жду тем э́то назва́ние возника́ет само́ собо́й. О нём нам пи́шут и говоря́т са́мые ра́зные лю́ди. Они́ говоря́т: дава́йте назовём на́ше движе́ние «Че́стная Росси́я»!

◎ポイント解説◎

◆ Борис Акунин（1956.5.20 —）ロシアの小説家、日本文学研究者。本名はグリゴーリイ・チハルチシヴィリ。代表作に『堕ちた天使 —アザゼル』、『リヴァイアサン号殺人事件』、『アキレス将軍暗殺事件』などがある。アクーニンはペンネームで日本語の「悪人」とバクーニンに由来するという。

モスクワの「サハロフ博士大通り」で開かれたこの集会には、主催者側の発表によれば、12万人が参加した。

◇ что 同格の接続詞で что 以下が直前の иллю́зия を説明している。「…という幻想」 ◇ сильне́е всех веще́й（どんな物よりも強く）比較級＋ всех / всего́ で最上級と同じ意味になる。 ◇ разби́ться*на ку́чки「ばらばらになる」 разби́ться* は「割れる、砕ける、分かれる」の意。

◆◇単語◇◆

возни́кнуть*
起こる、発生する

иллю́зия
幻覚、幻想

перессо́рить*
互いにケンカさせる

разби́ться*
割れる、裂ける

причи́на
原因、理由

объединя́ть
一つにする、統一する

разделя́ть
分ける、引き離す

обсужде́ние
審議、検討

обще́ственный
社会の、公共の

движе́ние
運動、動き

зарожда́ться
生まれる、生じる

訳 例

公正な選挙を求める集会での演説

ボリス・アクーニン

　ここにいる私たちは皆、様々です。お互いに全く似通ってはいません。それゆえに、私たちを互いにケンカさせて、バラバラに分断することができるという幻想が、彼らの中に生まれました。これは起きませんでしたし、起こることもありません。それは1つのとても単純な理由からです。私たちを結びつけている感情は、私たちを分断する、すべてのものよりも何十倍も強いのです。

　私たちの中で、目の前で生まれているこの公共の運動をいかに名付ける必要があるかという審議がなされました。私たちはまだ共通の結論に達していません。その一方で、次の名称が自然に発生しつつあります。様々な人々によって、それについて書かれたり言われたりしています。彼らはこう言っています。「私たちの運動を《公正なロシア》と名づけましょう！」

ку́чка は ку́ча（積み上げた物の山、雑然とした群れ）の指小形で「小さな集まり、小グループ」の意。◇ не получи́лось「うまくいかなかった」получи́ться*「うまくいく」（= уда́ться）◇ ме́жду собо́й「お互いに」◇ на … глаза́х「…の面前で」на на́ших глаза́х = у нас на глаза́х で「私たちの面前で」◇ а ме́жду тем「ところが実際は、その実」◇ само́ собо́й「自然に、ひとりでに」сам は主語の性に応じて変化する。ここでは назва́ние（名称）が中性名詞なので само́ になっている。◇ дава́йте назовём「…と呼びましょう」一人称複数の命令形（英語の Let's… に相当する表現）は次の二種類ある。(1) дава́йте ＋不完了体の不定形 (2) дава́йте ＋完了体の一人称複数（未来）形。(1) は「今すぐ」というニュアンスがあるが、(2) はタイムラグがある場合に使うことが多い。

🆑 26 Честность – это ключевое слово, которое объединяет нас всех, вне зависимости от наших политических, стилистических и любых других расхождений. Мы хотим жить в честном государстве, и мы его не имеем. Мы вынуждены жить с властью, которая всё время врёт и всё время ворует.

……

После новогодних каникул мы обменяемся нашими идеями, мы выберем самую лучшую из них. Ту, которая понравится всей Честной России. И мы добьёмся своего.

Нас с вами ждёт трудный год. Но это будет очень интересный год. И я уверен, что это будет наш год. С Новым годом! И с новой Россией в новом году.

24. 12. 2011 г.

◎ポイント解説◎

◇ вне зависимости от《生》「…とは無関係に」(＝ независимо от *чего*)　вне は「…なしで、…の外に」という意味の前置詞。次に生格がくる。◇ вы́нужденный は вы́нудить*（しいて…させる、やむなく…させる）の受動形動詞・過去。ここでは мы が主語のため вы́нуждены と短語尾・複数形で、述語として使われている。意味は「…せざるをえない」◇ всё время「いつも、始終」◇ самую лучшую「最良のもの（理念、思想、考え）を」самый は、形容詞につけて最上級を作る。из них ＝ из идей ◇ добьёмся своего「（私たちは）本望を遂げる、思ったことをやり遂げる」добиться*《生》は「努力して得る、勝ち取る」своё は「（物、仕事、考えなど）自分のもの」「自分がすべきこと」という意味の名詞。◇ с новой Россией の前に Поздравляю вас（おめでとう）を補うと分かりやすい。С новым годом! も同様に Поздравляю вас が省略されている。

◆◇単語◇◆

чéстность
正直、公正、誠実

завúсимость
従属状態、依存

стилистúческий
様式的な

расхождéние
食い違い、不一致

вы́нужденный
やむなく…させられる

врёт < врать
嘘をつく

ворýет < воровáть
盗む

канúкулы（複）
休暇、休み

обменя́ться＊
交換する、交わす

вы́брать＊
選ぶ、選んで決める

добúться＊
手に入れる

訳 例

「公正」という言葉が、政治やライフスタイル、そして他のどんな食い違いとも無関係に、私たち全員を結びつけるキーワードなのです。私たちは公正な国に住みたいのに、私たちにはそれがありません。始終、嘘をつき、始終盗みをするような権力と共に生きることを強いられているのです。

（中略）

　新年の休みの後で、私たちは自分たちの考えを交換します。そしてその中から一番良いものを選びます。すべての公正なロシアに気に入るものを選びます。そして私たちは自身の目的を達成します。

　私たちを待ち受けているのは困難な年です。しかし来る年はとても面白い年になるでしょう。そして、私たちの年になると確信しています。新年おめでとう！そして新年の新しいロシア、おめでとう。

2011 年 12 月 24 日

поздравля́ть <когó - что с чем> で「…の…を祝う」

14 В．プーチン

Инаугурацио́нная речь Влади́мира Пу́тина

(CD) 27 Уважа́емые гра́ждане Росси́и! Дороги́е друзья́! Вступа́я в до́лжность Президе́нта Росси́йской Федера́ции, понима́ю всю свою́ отве́тственность пе́ред Ро́диной. Её интере́сы, безопа́сность, благополу́чие гра́ждан страны́ всегда́ бы́ли и всегда́ оста́нутся для меня́ превы́ше всего́. Сде́лаю всё, что́бы оправда́ть дове́рие миллио́нов на́ших гра́ждан. Счита́ю смы́слом всей свое́й жи́зни и свои́м до́лгом служе́ние Оте́честву, служе́ние на́шему наро́ду, подде́ржка кото́рого вдохновля́ет и помога́ет реша́ть са́мые сло́жные и тру́дные зада́чи.

……

◆ Влади́мир Влади́мирович Пу́тин（1952.10.7 ー）ロシア連邦の政治家。1999 年 12 月 31 日のボリス・エリツィンの大統領辞任により大統領代行を務め、2000 年ロシア大統領選挙に勝利して正式に第 2 代ロシア連邦大統領（在任 2000 年ー 2008 年）に就任。任期終了後は、後任の大統領であるメドヴェージェフの指名により首相を勤め、タンデム（双頭）体制を敷く。2012 年 5 月の選挙で第 4 代ロシア連邦大統領に返り咲く。

◎ポイント解説◎

◇ вступа́я ＜ вступа́ть в《抽象名詞》〔ある行為〕を始める）の不完了体副動詞。適宜、接続詞を補うとよい。ここでは「…するにあたり」 Вступа́я в до́лжность ... で「（連邦大統領の）職務を開始するにあたり」の意。 ◇ гра́ждан страны́ ここでは「市民」ではなく「国民」の意。 гра́ждан

◆◇ 単 語 ◇◆

безопа́сность
安全

благополу́чие
平穏無事、幸福

оправда́ть
正当化する、こたえる

дове́рие
信頼

долг
義務

Оте́чество
祖国

подде́ржка
支え

вдохновля́ть
霊感を与える

訳 例

プーチンの就任演説

　尊敬するロシア国民の皆さん。親愛なる友人の方々。ロシア連邦の大統領の職務を開始するにあたって、私は祖国に対する自分の義務を全て理解しています。国家の利害と安全、国民の幸福が、常に私にとって最優先であったし、これからもそうです。我が数百万の国民の信頼にこたえるために、私はあらゆることをします。祖国に、我が民族に仕えることが我が全人生の意味であり責務であると考えます。皆さんの支えが、最も複雑で困難な諸課題を解決する際の励みとなり、助けになるのです。

（中略）

は граждани́н（公民、市民）の複数生格で、後ろから благополу́чие を修飾している。благополу́чие гра́ждан страны́ で「国民の幸福」 ◇ превы́ше всего́.「何物よりも大事だ」→「一番重要だ」これは 一種の最上級。〔物の場合〕⇒ 比較級 + всего́,〔人の場合〕⇒ 比較級 + всех〔例〕Кто доро́же всех на све́те? На́ши де́ти!（この世で一番大切な人は誰？ 子供達ですよ） ◇ Счита́ю смы́слом ... 英語の第5文型にあたる構文。〔主語〕→ я の省略〔動詞〕→ Счита́ю〔補語〕→ смы́слом, до́лгом〔目的語〕→ служе́ние Оте́честву, служе́ние на́шему наро́ду「（私は）祖国に、我が民族に使えることが我が全人生の意味であり責務であるとみなしている」 ◇ кото́рого は関係代名詞で、先行詞は наро́д（人々、人民） подде́ржка кото́рого で「人々の支え」 ◇ са́мые сло́жные и тру́дные зада́чи 最上級。「一番複雑で困難な課題」〔形容詞の最上級〕⇒ са́мый + 原級。

◎ 28 Мы добьёмся наших целей, если будем единым, сплочённым народом, если будем дорожить нашим Отечеством, укреплять Российскую демократию, конституционные права и свободы, расширять участие граждан в управлении страной, в формировании национальной повестки дня, чтобы стремление каждого к лучшей жизни было воплощено в совместной работе для процветания всей страны.

Мы обязательно добьёмся успеха, если будем опираться на прочный фундамент культурных и духовных традиций нашего многонационального народа, на нашу тысячелетнюю историю, на те ценности, которые всегда составляли нравственную основу нашей жизни, если каждый из нас будет жить по совести, с верой и любовью к Родине, к своим близким, заботиться о счастье своих детей и благополучии своих родителей.

◎ポイント解説◎

◇ быть +《造》で「…になる」будем единым, сплочённым народом で「(我々が) 一致団結した国民になる（なら）」の意。сплочённым < сплочённый ← сплотить*（団結させる）の受動形動詞・過去から作られた形容詞。意味は「団結した」 ◇ быть +《不完了体・不定形》で合成未来を作る。будем дорожить ... , укреплять ... , расширять ... で「(我々が) 祖国を大切にして、ロシアの民主主義と憲法の定める権利と自由を強化し、国民的な緊急課題の編成への市民参加を広げる（なら）」の意。◇ Российскую < российский「ロシアの」《参》同じ意味で русский という形容詞があるが、こちらはその他に「ロシア人の、ロシア(人)的な、ロシア語の」と意味が多義にわたっている。◇ повестки дня「緊急課題、議題」 ◇ быть の過去形 +《受動形動詞・過去》で受動態。стремление каждого к лучшей жизни было воплощено「より良

◆◇単語◇◆

доби́ться*
得る

сплочённый
団結した

расширя́ть
広げる

формирова́ние
形成、編成

пове́стка
議題

процвета́ние
開花、繁栄

опира́ться
寄りかかる

духо́вный
精神的な

це́нность
価値

осно́ва
土台、基礎

訳例

　もしも私たちが一つの、団結した国民になるなら、我らが祖国を大切にして、ロシアの民主主義と、憲法の定める権利と自由を強化するなら、我々は目的を達成できます。国家の統治や、国家繁栄のための共同作業の中に、より良い生活をしたいという各々の意欲が実現されるための、国民的な緊急課題の形成に国民を広く参加できるようにするなら、できます。

　もしも、私たちが多民族の文化と精神的な伝統という堅固な土台に、千年の歴史に依拠するなら、常に我々の生活の道徳的な基礎を構成してきた諸価値に支えられるなら、もしも一人一人が良心に従い、ロシアへ、隣人への信頼と愛を持って生きるなら、子供の幸福と両親の安穏を気にかけるなら、私たちは必ず成功を手に入れることができるのです。

い生活をしたいという各人の希望が具現化された（なら）」主語は стремле́ние（意欲）〔例〕Прое́кт бу́дет воплощён в жизнь в любо́м слу́чае.（計画はどんな場合にも実現されるだろう）◇ опира́ться на「…に支えられている」前置詞 на の目的語は фунда́мент（土台）、исто́рию（歴史）、те це́нности（諸々の価値）の3つ。◇ кото́рые は関係代名詞。先行詞は те це́нности で те це́нности, кото́рые всегда́ составля́ли нра́вственную осно́ву на́шей жи́зни は「（常に我々の生活の道徳的な基礎を構成してきた）諸価値」の意。◇ по (чи́стый) со́вести「良心に従って、正義に従って。◇ забо́титься о《前》「配慮する、心配する」〔例〕Они́ не уме́ют забо́титься о своём бу́дущем, о своём прести́же.（彼らは自分の将来や威信について、思いが及ばない）

89

🆑 29 Мы хоти́м и бу́дем жить в демократи́ческой стране́, где у ка́ждого есть свобо́да и просто́р для приложе́ния тала́нта и труда́, свои́х сил. Мы хоти́м и бу́дем жить в успе́шной Росси́и, кото́рую уважа́ют в ми́ре как надёжного, откры́того, че́стного и предсказу́емого партнёра.

Я ве́рю в си́лу на́ших о́бщих це́лей и идеа́лов, в си́лу на́шей реши́мости преобрази́ть страну́, в си́лу объединённых де́йствий гра́ждан, в на́ше о́бщее стремле́ние к свобо́де, к пра́вде, к справедли́вости. Мы гото́вы к гряду́щим испыта́ниям и гряду́щим сверше́ниям. У Росси́и вели́кая исто́рия и не ме́нее вели́кое бу́дущее. И мы бу́дем рабо́тать с ве́рой в душе́, с и́скренними и чи́стыми по́мыслами. Спаси́бо!

2012 г.

◎ポイント解説◎

◇ где は場所を表す関係副詞。стране́, где у ка́ждого есть свобо́да で、「各人に自由のある国（で）」の意。◇ просто́р は「広大な空間、自由、自由な活動の場」◇ Росси́и, кото́рую уважа́ют в ми́ре「世界で尊敬されるロシア（に）」代名詞の3人称複数形（они́）が省略されると一種の受動態になる。как は「…として」という意味。◇ предсказу́емого < предсказу́емый ← предсказа́ть*（予測する、予言する）の 受動形動詞・現在が元になっている形容詞。「予見・予知可能な」◇ объединённых < объединённый ← объедини́ть*（統一する、団結させる）の受動形動詞・過去。◇ гото́вый к《与》「…の準備ができた、支度が整った」гото́вый は短語尾形で述語として使われるが、主語の性と数に応じて гото́в（男）、гото́ва（女）、гото́во（中）、гото́вы（複）となる。〔例〕Татья́на отве́тила легко́ и про́сто — была́ гото́ва к

◆◇単語◇◆

приложе́ние
適用、応用

успе́шный
成功の

уважа́ть
尊敬する

предсказу́емый
予知可能な

преобрази́ть
改革する

справедли́вость
公正、正義

гряду́щий
来たるべき

по́мысл
考え、心づもり

訳例

　私たちは民主主義国家に暮らしたいし、暮らすのです。そこでは一人一人に自由があり、才能や労働、力をきちんと発揮させることができます。私たちは成功したロシアに暮らしたいし、暮らすのです。世界が期待し、オープンで誠実、先を見通せるパートナーとして尊敬するようなロシアに。

　私は我々の共通の目的と理想の力を信じています。国家を変革する決定力を、市民の団結した行動力を、自由と真実と正義を共に希求するのを信じています。私たちには来るべき試練と、来るべき任務遂行へ、心の準備ができています。ロシアには偉大な歴史があり、それに劣らないような偉大な未来があります。私たちは心に信頼を、誠実で正直な考えを抱き、働いていきます。ありがとう。

2012 年

э́тому вопро́су.（タチヤーナはいとも簡単に答えた。その問いに用意ができていたのだ）◇ ме́нее は ма́лый, ма́денький（ともに「小さい」の意）の比較級。ме́нее ＋形容詞の原級で「…より ... でない」という劣等比較級を作るが、ここでは не ме́нее と二重否定になっているので、意味としては「負けず劣らず」で бо́лее（…より ...）と同様になる。従って не ме́нее вели́кое бу́дуще で「（偉大な歴史・過去）より以上に偉大な未来」の意味。

実力錬成問題（7）

☆ 日本語を参考にしながら、ロシア語に訳してみましょう。

　　傷を癒す時がやってきました。私たちを分断していた断崖の両側を統一する時が来ました。建設の時――これが私たちの時です。ついに私たちは、政治的な自由を獲得しました。私たちは、未だに残る貧困、欠乏、苦悩、ジェンダーその他の差別の重圧から全民衆を解放すると自分自身に約束します。相対的な平和という条件下ですが、私たちは自由への最後の数歩を歩むことに成功したのです。

　　私たちは、完全な真実の、堅固な平和を築くことを、自分の義務とみなしています。数百万の我が国民に希望を植え付ける試みに勝利しました。

　　私たちは、全ての南アフリカ人が、白人同様に黒人も、心に何の恐怖もなく、人間の尊厳に対する自身の分かちがたい権利を確信できるような社会を建設する、という協定を結びます。それは、自分自身と社会が調和した、多様性の国家です。

　　我が国の改革との不可欠性に関し、またそのシンボルとして、新たな臨時国民統一政府は、現在拘留中である様々なカテゴリーの市民へ恩赦を与えるという問題に取り組みます。

　　私たちはこの日を、私たちが自由になるために自分の人生を犠牲にしたこの国と全世界の全ての英雄に捧げます。その夢は現実になりました。自由こそが、彼らの勲章です。

　　私たちは慎んで、そして身の震えるような思いで、あなたがた南アフリカ

の国民が私たちに与えてくださったこの名誉と特典を、統一された、民主主義の、反人種差別主義の政府の初代大統領として、受け入れます。

　自由への道が簡単でないのを、私たちは理解しています。同様に、一人で行動したなら、誰一人として成功を勝ち得なかったことを、私たちはよく知っています。

ネルソン・マンデラ：大統領就任演説, 1994. 5. 10

原文

Inaugural Address speech by Nelson Mandela
〈…〉

　The time for the healing of the wounds has come. The moment to bridge the chasms that divide us has come. The time to build is upon us. We have, at last, achieved our political emancipation. We pledge ourselves to liberate all our people from the continuing bondage of poverty, deprivation, suffering, gender and other discrimination. We succeeded to take our last steps to freedom in conditions of relative peace.

　We commit ourselves to the construction of a complete, just and lasting peace. We have triumphed in the effort to implant hope in the breasts of the millions of our people. We enter into a covenant that we shall build the society in which all South Africans, both black and white, will be able to walk tall, without any fear in their hearts, assured of their inalienable right to human dignity — a rainbow nation at peace with itself and the world.

　As a token of its commitment to the renewal of our country, the new Interim overnment of National Unity will, as a matter of urgency, address the issue of amnesty for various categories of our people who are currently serving terms of imprisonment.

　We dedicate this day to all the heroes and heroines in this country and the rest of the world who sacrificed in many ways and surrendered their lives so that we could be free. Their dreams have become reality. Freedom is their reward.

　We are both humbled and elevated by the honour and privilege that you, the people of South Africa, have bestowed on us, as the first President of a united, democratic, non-racial and non-sexist South Africa, to lead our country out of the valley of darkness.

　We understand it still that there is no easy road to freedom. We know it well that none of us acting alone can achieve success.

解答例

　Пришло́ вре́мя зале́чивать ра́ны. Пришло́ вре́мя соедини́ть две сто́роны про́пасти, кото́рая разделя́ет нас. Вре́мя стро́ить — э́то на́ше вре́мя. Мы, наконе́ц, дости́гли полити́ческого освобожде́ния. Мы обеща́ем сами́м себе́ освободи́ть весь наш наро́д от оста́вшегося гнёта бе́дности, лише́ний, страда́ний, ге́ндерной и друго́й дискримина́ции. Нам удало́сь соверши́ть после́дние шаги́ к свобо́де в усло́виях относи́тельного ми́ра.

　Мы счита́ем свои́м до́лгом постро́ение по́лного, и́стинного и про́чного ми́ра. Мы одержа́ли побе́ду в попы́тках всели́ть наде́жду в миллио́ны на́ших люде́й.

　Мы заключа́ем соглаше́ние о том, что бу́дем стро́ить о́бщество, в кото́ром все южноафрика́нцы, как бе́лые, так и чёрные, смо́гут идти́ сме́ло, без вся́кого стра́ха в сердца́х, уве́ренные в своём неотдели́мом пра́ве на челове́ческое досто́инство — многоцве́тная на́ция в согла́сии с само́й собо́й и с ми́ром.

◆◇ 単 語 ◇◆

зале́чивать
治療する、和らげる

про́пасть
深淵、断崖

освободи́ть＊
解放する、自由にする

гнёт
圧迫、迫害、重圧

лише́ние
欠乏、困窮、剥奪

дискримина́ция
差別

постро́ение
建設、構成

про́чный
堅牢な、しっかりした

всели́ть＊
住まわせる、植え付ける

заключа́ть
締結する、取り決める

неотдели́мый
分離できない

◎ポイント解説◎

◇ освободи́ть ... от《生》「... を…から解放する」〔例〕Мы освободи́м его́ от э́того бре́мени.（我々は彼をこの重荷から解放しよう）◇ оста́вшегося ＜ оста́вшийся ← оста́ться＊（残る、そのままでいる）の能動形動詞・過去。◇ нам удало́сь соверши́ть ...《与》уда́ться＋不定形で「…は…がうまくいく」の意。◇ Мы счита́ем ... この文は英語の第 5 文型（SVOC）にあたる文。ロシア語は比較的語順が自由なため、ここでは SVOC ではなく SVCO の順になっている。文の成分 → Мы（主語）счита́ем（動詞）свои́м до́лгом（補語）постро́ение ... ми́ра（目的語）。意味 →「我々は…の世界の建設を自分の義務とみなす」◇ уве́ренные ＜ уве́ренный ← уве́рить＊ в《前》（…を確信させる、請け負う）の受動形動詞・過去。◇ в согла́сии с《造》「…

В связи́ с необходи́мостью и в ка́честве си́мвола обновле́ния на́шей страны́ но́вое Вре́менное Прави́тельство Национа́льного еди́нства обрати́тся к вопро́су об амни́стии разли́чных катего́рий на́ших гра́ждан, кото́рые в настоя́щее вре́мя нахо́дятся в заключе́нии.

Мы посвяща́ем э́тот день всем геро́ям э́той страны́ и всего́ остально́го ми́ра, кто пожéртвовал свои́ жи́зни ра́ди того́, что́бы мы бы́ли свобо́дны. Э́ти мечты́ ста́ли я́вью. Свобо́да — их награ́да.

Мы принима́ем со смире́нием и с воодушевле́нием э́ту честь и привиле́гию, кото́рые вы, наро́д Ю́жной А́фрики, дарова́ли нам, как пе́рвому Президе́нту еди́ного, демократи́ческого, антираси́стского прави́тельства.

Мы понима́ем, что нет просто́й доро́ги к свобо́де. Мы та́кже хорошо́ зна́ем, что никто́ из нас, де́йствуя в одино́чку, не добьётся успе́ха.

Не́льсон Манде́ла. Инаугурацио́нная речь Ю́нион-Би́лдинг

◆◇単 語◇◆

досто́инство
長所、強み、威厳

многоцве́тный
多彩な

ка́чество
特質、品質

амни́стия
恩赦

заключе́ние
監禁、禁固、結論

пожéртвовать*
寄付する、犠牲にする

награ́да
賞、ほうび

воодушевле́ние
霊感、鼓舞、意気込み

привиле́гия
特権、特典

антираси́стский
反人種差別主義者の

одино́чка
一人暮らし

と和合して、仲良く；…に従って」 ◇ в связи́ с 《造》「…の故に、の結果、のための、と関連して」 ◇ в ка́честве 《生》「…として、の資格で」 ◇ в настоя́щее вре́мя 「現今、現在」 ◇ кто 関係代名詞。先行詞は геро́ям で複数名詞だが、述語は пожéртвовал と単数扱になる点に注意。 ◇ ра́ди того́, что́бы ＋主語＋動詞（過去）「…が … するために、 … であるために」（≒ для того́, что́бы …) что́бы の後は主語がなければ動詞の不定形を、主語があれば過去形を使う。〔例〕И ра́ди того́, что́бы получи́ть удово́льствие соверша́ю таки́е посту́пки.（…で、満足を得るために、私はそのような行為をしているのだ） ◇ стать я́вью 現実になる。 ◇ в одино́чку ①ひとりで、ばらばらに ②自力で、独力で。

15 А．ソルジェニーツィン

Нобелевская лекция по литературе
А. Солженицын

🎧 30 Скажут нам: что ж может литература против безжалостного натиска открытого насилия? А не забудем, что насилие не живёт одно и не способно жить одно: оно непременно сплетено с ложью. Между ними самая родственная, самая природная глубокая связь: насилию нечем прикрыться, кроме лжи, а лжи нечем удержаться, кроме как насилием. Всякий, кто однажды провозгласил насилие своим методом, неумолимо должен избрать ложь своим принципом. Рождаясь, насилие действует открыто и даже гордится собой.

Но едва оно укрепится, утвердится, — оно ощущает разрежение воздуха вокруг себя и не может существовать дальше иначе, как затуманиваясь в ложь, прикрываясь её сладкоречием. Оно уже не всегда, не обязательно прямо душит глотку, чаще оно требует от подданных только присяги лжи, только соучастия во лжи.

◆ Александр Исаевич Солженицын（1918.12.11 ― 2008.8.3）ソビエト連邦の作家。自身の体験を元に『収容所群島』や『イワン・デニーソヴィチの一日』を創作し、ソ連邦時代のラーゲリ（強制収容所）の存在を世に知らしめた。1970年にノーベル文学賞を受賞。1974年にソ連を追放されるも、1994年にロシアの市民権を回復して帰国。その他の代表作に『煉獄のなかで』『ガン病棟』などがある。

◎ポイント解説◎

◇ может＜мочь は次に動詞の不定形を伴うのが普通だが、ここでは単独で「できる」という意味の他動詞として使われている。〔例〕Она всё может.（彼女は何でもできる）что ж может литература? で「文学は一体、何ができるのか？」の意。◇ против「（闘いや抵抗の対象）に反対して、…を敵として」против безжалостного натиска открытого насилия で「残酷

◆◇ 単 語 ◇◆

нáтиск
強襲、圧迫、攻勢

насúлие
強制、暴力

непремéнно
必ず

сплестú*
編む、結びつける

прирóдный
自然の、生まれつきの

провозгласúть*
宣言する、認める

неумолúмый
避けがたい、厳しい

разрежéние
まばらになること

сладкорéчие
弁舌の才

присáга
誓いの言葉、宣誓

соучáстие
共同参加

訳例

ノーベル文学賞講演

ソルジェニーツィン

　我々は言われます。むき出しの暴力の、残酷な強襲に対して、文学は一体、何ができるのか、と。でも私たちは、暴力はそれだけでは生きないし、生きられないことを忘れはしません。暴力は必ず嘘と結びつくのです。両者には最も親密で、最も自然で深い関係があります。嘘以外、暴力を覆い隠すことができないし、暴力以外で嘘を支えることはできません。一度、暴力を自身の手段と認めた人は誰でも、必然的に嘘を自分の原理に選択しなければならないのです。いったん発生すると、暴力は公然と作用し、自分自身をひけらかしさえするのです。

　しかし暴力が強化され確固たる物になるや否や、それは自分の周りの空気が稀薄になるのを感じ、自分を弁舌の才で覆い隠し、嘘の中に姿をくらます以外、もはや存在できなくなります。そうなると嘘はもはや、必ずしもいつも直接、のどを絞めつけませんが、より頻繁に国民から、嘘の誓いと、嘘への共同参加のみを要求するようになるのです。

なむき出しの暴力攻勢に反対して」の意。◇ однó < одúн「一人で、単独で」однó と中性語尾になっているのは、主語の насúлие（暴力）が中性名詞だから。副詞に近い感覚で使われている。насúлие не живёт однó и не спосóбно жить однó「暴力は、単独では生きないし、生きることもできない」◇ сплетенó < сплетённый ← сплестú*（結びつける）の受動形動詞・過去。「結びつけられている」◇ насúлию нéчем прикрýться「暴力を覆い隠すものはない」лжи нéчем удержáться「嘘を支えるものはない」◇ рождáясь ← рождáться（生まれる）の不完了体副動詞。「生まれると、生まれながらにして」◇ инáче, как ...「…よりほかに」◇ затумáниваясь, прикрывáясь ともに затумáниваться（曇る、よく見えなくなる）と прикрывáться（身を隠す）の不完了体副動詞。◇ чáще < чáсто「頻繁に、しばしば」の比較級。пóдданный「国民」

CD 31 И просто́й шаг просто́го му́жественного челове́ка: не уча́ствовать во лжи, не подде́рживать ло́жных де́йствий! Пусть э́то прихо́дит в мир и да́же цари́т в ми́ре — но не че́рез меня́. Писа́телям же и худо́жникам досту́пно бо́льше: победи́ть ложь! Уж в борьбе́-то с ло́жью иску́сство всегда́ побежда́ло, всегда́ побежда́ет! — зри́мо, неопровержи́мо для всех! Про́тив мно́гого в ми́ре мо́жет вы́стоять ложь — но то́лько не про́тив иску́сства. А едва́ разве́яна бу́дет ложь — отврати́тельно откро́ется нагота́ наси́лия — и наси́лие дря́хлое падёт.

Вот почему́ я ду́маю, друзья́, что мы спосо́бны помо́чь ми́ру в его́ раскалённый час. Не отне́киваться безору́жностью, не отдава́ться беспе́чной жи́зни — но вы́йти на бой!

◎ポイント解説◎

◇ пусть は文を伴って譲歩を表わす接続詞。「たとえ…でも、かりに…にせよ」пусть э́то прихо́дит в мир и да́же цари́т в ми́ре で「たとえこれが世界に現れ、君臨したとしても」の意。◇ че́рез は「…を通じて、介して、…を媒介にして、…によって」という意味。но не че́рез меня́ で「しかし、私を介してではない」◇ досту́пно < досту́пный「能力に適した、相応の、手頃な」ここでは無人称文なので中性語尾になっている。意味上の主語は作家と芸術家で、писа́телям же и худо́жникам と与格で表されている。же は助詞で直前の語を強調している。досту́пно бо́льше で「より以上のことができる」記号の「:」はここでは「つまり」の意。◇ едва́「…するや否や、…すると同時に」разве́яна < разве́янный ← разве́ять*（吹き散らす、粉砕する）の受動形動詞・過去。разве́яна бу́дет ложь「嘘が吹き散らされる」この文は倒置されているが〔быть

◆◇単語◇◆

подде́рживать
支える

цари́ть
君臨する

победи́ть*
勝利する

зри́мый
目に見える

неопровержи́мый
否定しがたい

вы́стоять*
立ち通す、保つ

разве́ять*
吹き散らす

нагота́
裸、むき出し

дря́хлый
よぼよぼの、古めかしい

раскалённый
灼熱の、ほてった

отне́киваться
断る、避ける、否定する

訳例

　そして素朴な勇気のある人間の素朴な一歩は、嘘に参加しないことであり、嘘の行為を支えないことです。たとえこれが世に出現し、君臨したとしても、それが私を介することはありません。作家や芸術家にはもっとできることがあります。それは嘘に打ち勝つことです。嘘との戦いで芸術は勝利してきましたし、常に勝利するのです。万人が見て分かるように、反ばくの余地がないほどに。嘘は、世界の多くに対して頑張り通せますが、芸術だけには耐え抜けません。嘘を覆っているものが吹き散らされるや否や、赤裸々な暴力の姿が不快にむき出しにされ、古めかしい嘘が倒れるのです。

　そういう訳で、皆さん、私は思うのですが、この不安きわまりない時に、私たちは世界を救うことができるのです。非武装を否定するのではありません。のんきな生活に身を委ねるのでもありません。戦闘におもむくのです。

+受動形動詞∶で受動態になっている。разве́яна と短語尾・女性形になっているのは、主語 ложь が女性名詞のため。◇ Вот почему́「そんな訳で」поэ́тому と同じ意味。〔例〕Вот почему́ я её при́нял за мёртвую.（そんな訳で、私は彼女が死んでいると勘違いしたのだ）◇ раскалённый これは раскали́ть*（灼熱する）の受動形動詞・過去から作られた形容詞で「真っ赤に焼けた」という意味だが、ここでは「不安な、不安定な」（= неспоко́йный, нестаби́льный）という意味。в его́ раскалённый час で「（世界が）不安定な時に」の意。◇ отдава́ться《与》「…に身を委ねる、従う」беспе́чный は「注意・用心の足りない、先のことや結果を考えない、のんきな」の意。◇ вы́йти* на бой「戦闘におもむく」

🅒🅓 32 В ру́сском языке́ излю́блены посло́вицы о пра́вде. Они́ насто́йчиво выража́ют нема́лый тяжёлый наро́дный о́пыт, и иногда́ порази́тельно:

ОДНО́ СЛО́ВО ПРА́ВДЫ ВЕСЬ МИР ПЕРЕТЯ́НЕТ.

Вот на тако́м мни́мо-фантасти́ческом наруше́нии зако́на сохране́ния масс и эне́ргий осно́вана и моя́ со́бственная де́ятельность, и мой призы́в к писа́телям всего́ ми́ра.

1972 г.

◇ излю́блены ＜ излю́бленый ← излюби́ть*（特に愛好する）の受動形動詞・過去。「特に愛されている」主語は посло́вицы о пра́вде「真実に関することわざ」◇ на тако́м мни́мо-фантасти́ческом наруше́нии зако́на сохране́ния масс и эне́ргий「このような質量とエネルギー保存の法則の、空想的・幻想的な違反に」これは、引用したことわざの内容（真実の言葉が、世界を相手に綱引きしても勝つ）が非科学的なことを遠回しに自嘲気味に表現したもの。◇ осно́вана ＜ осно́ванный ← основа́ть* на《前》（…に根拠づける、基礎を置く）の受動形動詞・過去。「…にもとづいている」主語は моя́ со́бственная де́ятельность「私個人の活動」と мой призы́в「アピール」だが、述語に近い女性名詞 де́ятельность の支配を受けて осно́вана と短語尾・女性形になっている。◇ この и は追加を表す。「…も、…もまた」

◎ポイント解説◎

◆◇単 語◇◆

посло́вица
　ことわざ

нема́лый
　小さくない、かなり多い

перетяну́ть*
　引っぱり勝つ

мни́мый
　仮想の、空想の

де́ятельность
　行為、行動

призы́в
　アピール

訳 例

　ロシア語では、真実に関することわざが愛されています。それらはしつこいくらいに、困難な民族の経験を少なからず表現していて、時に感動的です。

　「綱引きで、真実の言葉は世界に勝つ」

　このような質量とエネルギー保存の法則の、空想的・幻想的な違反に、私の活動は基づいているのです。そして全世界の作家に対する私の訴えもそれに基づいているのです。

1972年

Иосиф Бродский. Нобелевская лекция

CD 33 Пишущий стихотворение, однако, пишет его не потому, что он рассчитывает на посмертную славу, хотя он часто и надеется, что стихотворение его переживёт, пусть не надолго. Пишущий стихотворение пишет его потому, что язык ему подсказывает или просто диктует следующую строчку. Начиная стихотворения, поэт, как правило, не знает, чем оно кончится, и порой оказывается очень удивлён тем, что получилось, ибо часто получается лучше, чем он предполагал, часто мысль его заходит дальше, чем он расчитывал.

Это и есть тот момент, когда будущее языка вмешивается в его настоящее. Существуют, как мы знаем, три метода познания: аналитический, интуитивный и метод, которым пользовались библейские пророки — посредством откровения.

◆ Иосиф Александрович Бродский (1940.5.24 — 1996.1.28) ロシアの詩人、随筆家。1972年にソ連から国外追放され、1980年に米国の市民権を得る。主に詩はロシア語で、エッセイは英語で書いた。1987年にノーベル文学賞を受賞し、アメリカで桂冠詩人 (1991 — 1992) に選出さる。20世紀ロシア最大の詩人のひとり。

◇ пишущий ← писать (書く) の能動形動詞・現在。пишущий стихотворение で「詩を書いている（人）」の意。これが пишет の主語。его は стихотворение を指す。◇ пусть は譲歩を表わす接続詞で「たとえ…でも、かりに…にせよ」の意。пусть не надолго「たとえ長い間ではないにしても」◇ начиная ← начинать (始める) の不完了体副動詞。英語の分詞構文のように、

◆◇ 単 語 ◇◆

стихотворе́ние
詩

рассчи́тывать
当てにする

посме́ртный
死後の

подска́зывать
耳打ちする

диктова́ть
口述する

предполага́ть
予想する

вме́шиваться
干渉する

позна́ние
認識

аналити́ческий
分析の

интуити́вный
直感的な

проро́к
予言者

訳 例

ノーベル賞講演

ヨシフ・ブロツキー

　詩を書く人は、しかし、死後の名声を求めて書くのではありません。もっとも、そう長い間でなくとも、自分の詩が生き延びるのを期待してはいますが。詩を書く人は、言葉が詩人に耳打ちするから、あるいは単に次に続く一行を口述してくれるからなのです。詩を書き始めた時には、詩人は概してそれがどう終わるか知りませんし、時にその結果にひどく驚く場合があります。と言うのは、予想以上の結果になることがよくあり、思っていた以上に思考が先に進む場合があるからです。

　これが、言語の未来性が言語の現在に干渉してくる瞬間なのです。周知のように、認識の三つの手法である分析、直感、そして聖書の予言者達が活用した啓示を用いる手法があります。

訳す場合には適宜、接続詞を補う必要がある。начина́я стихотворе́ния「詩を書き始めた時には」◇ как пра́вило「普通、通常、概して」◇ удивлён ＜ удивлённый 元は удиви́ть*（驚かせる）の受動形動詞・過去。「驚いた」という意味の形容詞。ここでは ока́зывается「（気がつけばある状態に）陥っている」の補語になっている。ока́зывается удивлён で「気がつけば驚いてしまっている」の意。◇ и́бо「なぜならば、なんとなれば」理由を表す接続詞としては文語的。◇ да́льше ＜ далеко́（遠く）の比較級。да́льше, чем он рассчи́тывал で「彼が思った以上に遠くまで」の意。◇ бу́дущее（未来、将来）も настоя́щее（現在、現代）も、本来は形容詞だが、語尾を中性形にして名詞化されている。◇ кото́рым ＜ кото́рый は関係代名詞。先行詞は ме́тод（方法、手法）。кото́рым と造格になっているのは по́льзовались（活用された）の要求による。по́льзоваться ＋《造》で「…を活用する」

103

© 34 Отличие поэзии от прочих форм литературы в том, что она пользуется сразу всеми тремя (тяготея преимущественно ко второму и третьему), ибо все три даны в языке; и порой с помощью одного слова, одной рифмы пишущему стихотворение удаётся оказаться там, где до него никто не бывал, — и дальше, может быть, чем он сам бы желал. Пишущий стихотворение пишет его прежде всего потому, что стихотворение — колоссальный ускоритель сознания, мышления, мироощущения.

Испытав это ускорение единожды, человек уже не в состоянии отказаться от повторения этого опыта, он впадает в зависимость от этого процесса, как впадают в зависимость от наркотиков или алкоголя. Человек, находящийся в подобной зависимости от языка, я полагаю, и называется поэтом.

1987 г.

◆ポイント解説◆

◇ отличие от《生》「…との違い、差異」отличие поэзии от прочих форм литературы で「詩と他の文学形式との違い」в том, что ... で「…にある」の意。◇ тремя これは три の造格形。пользуется（利用する）の支配を受けている。она は поэзия（韻文、詩文学）のこと。◇ тяготея ← тяготеть к《与》（…に依存している、…との結びつきを必要としている、心をひかれる）の不完了体副動詞。接続詞の хотя（…だけれども）などを補って訳すとしっくりくる。◇ даны < данный ← дать*（与える）の受動形動詞・過去。даны と短語尾・複数形になっているのは все три が主語だから。「与えられている」の意。◇《与》удаваться＋不定形「…することに成功する」ここでは пишущему стихотворение（詩を書く人）が与格で意味上の主語になっている。оказаться は「気がつけば…にいる」の意。◇ где 場所を表す関係副詞。先行詞は там（そこ

◆◇単語◇◆

отли́чие
違い

ри́фма
韻

колосса́льный
巨大な

ускори́тель
加速器

мироощуще́ние
現実認識

еди́ножды
一回、一度

зави́симость
依存

нарко́тик
薬物

алкого́ля
アルコール

полага́ть
思う、みなす

訳例

　詩と他の文学ジャンルとの違いは、詩が（優先的に第二、第三の手法に依存してはいますが）以下の三つの手法を一気に活用する点にあります。と言うのは、これら三つは全て、言葉の中にあるからです。そして時に一つの言葉や一つの韻の助けを借りると、詩を書く人は、それまで誰も行ったこともないような所に気がつけば行くことができていて、もしかしたら、更に、自分自身が願っていたものになっているのです。詩を書く人は、何よりもまず、詩が、自覚や思考、現実認識を加速してくれる巨大な装置であるから、詩を書くのです。

　この加速を一度味わうと、人はもうこの経験を繰り返すことを拒絶できなくなり、薬物やアルコールに依存してしまうように、このプロセスに依存するようになるのです。私が思うに、言語へ同様に依存している人が、詩人と呼ばれるのです。

1987年

に）で там, где до него́ никто́ не быва́л は「誰もそれまで行ったことのない所に」◇ испыта́в ← испыта́ть*（身をもって体験する、味わう）の完了体副動詞。испыта́в э́то ускоре́ние еди́ножды「この加速を身をもって味わうと」◇ в состоя́нии ＋不定形「…できる状態に（ある）」уже́ не в состоя́нии отказа́ться「もはや断れない状態にある」◇ зави́симость от「…に従属の状態」◇ находя́щийся ← находи́ться（いる、ある、存在する）の能動形動詞・現在形。челове́к, находя́щийся в подо́бной зави́симости от языка́「言語に対する同様の依存状態にある人」

実力錬成問題（8）

☆ 日本語を参考にしながら、ロシア語に訳してみましょう。

　シカゴのみなさん、こんばんは。アメリカが、あらゆることが可能な国であるというのを未だに疑う人がいるなら、建国の父たちの夢がこの時代にまだ生き続けているのかを疑い、我が国の民主主義の力を未だに疑う人がいるなら、今夜がその人たちへの答えです。

（中略）

　かつて、今以上にはるかに分断されていた国民にリンカーンは「私たちは敵ではなく友人です」と語りました。私たちは感情的になったかもしれませんが、だからといって、私たちの統一が壊されるはずがありません。

　私は多くのアメリカ人の支持を勝ち得なければなりません。私には、皆さんの声も聞こえています。私は、皆さんの助けが必要なのです。みなさんが私に投票してくれなくても、私はみなさんの大統領にもなるつもりです。この国から遠く離れたところで今夜を見つめているみなさん。外国の議会や宮殿で見ているみなさん、忘れ去られた世界の片隅でひとつのラジオの周りに身を寄せ合っているみなさん、私たちの人生はそれぞれ異なります。けれども私たちはみな、ひとつの運命を共有しているのです。アメリカはみなさんに手を差し伸べます。

　この世界を破壊しようとする者に告げよう。私たちはお前たちに打ち勝つ。平和と安全を求める人たちにお伝えしよう。私たちはみなさんを支援します。そしてアメリカと言う希望の灯はかつてのように輝いているのかと、それを疑っていたすべての人たちに告げます。私たちの力とは、お金や武器にではなく、私たちの理想の中にあるのです。私たちが人々に可能性を、希望を与えることの中にあるのです。

　それこそが、アメリカと言う国の真の素晴らしさです。アメリカは変われます。私たちのこの連邦は、変わるべきだし、明日には新たな運動が私たちを待ち受けています。これは歴史的な選択です。ほんとうに多くのでき事が、将来、語り継がれるでしょう。

　けれども私の心に深く刻まれたのは、アトランタで投票したひとりの女性の出来事です。アン・ニクソン・クーパーさんは106歳です。奴隷制が終ってから一世代後に、彼女は生まれました。

当時は飛行機もヘリコプターもありませんでした。その時代、彼女は女性である故に、そして皮膚の色のせいで投票できませんでした。

　そして私は今晩、アメリカで生きた100年以上の間にクーパーさんが目にした事に思いを馳せています。希望、困難、そして進歩。その当時、そんなことはできないと私たちは言われました。でもアメリカの人々は言いました。「いや、私たちはできる」と。彼女はそれを信じ、この瞬間を待ちおおせました。そうです。私たちにはできるのです。

バラク・オバマ：勝利宣言, 2008.11.5

President-Elect Barack Obama in Chicago

　Hello, Chicago. If there is anyone out there who still doubts that America is a place where all things are possible, who still wonders if the dream of our founders is alive in our time, who still questions the power of our democracy, tonight is your answer. 〈…〉

　As Lincoln said to a nation far more divided than ours, we are not enemies but friends. Though passion may have strained, it must not break our bonds of affection.

　And to those Americans whose support I have yet to earn, I may not have won your vote tonight, but I hear your voices. I need your help. And I will be your president, too.

　And to all those watching tonight from beyond our shores, from parliaments and palaces, to those who are huddled around radios in the forgotten corners of the world, our stories are singular, but our destiny is shared, and a new dawn of American leadership is at hand.

　To those — to those who would tear the world down: We will defeat you. To those who seek peace and security: We support you. And to all those who have wondered if America's beacon still burns as bright: Tonight we proved once more that the true strength of our nation comes not from the might of our arms or the scale of our wealth, but from the enduring power of our ideals: democracy, liberty, opportunity and unyielding hope.

　That's the true genius of America: that America can change. Our union can be perfected. What we've already achieved gives us hope for what we can and must achieve tomorrow.

　This election had many firsts and many stories that will be told for generations. But one that's on my mind tonight's about a woman who cast her ballot in Atlanta. She's a lot like the millions of others who stood in line to make their voice heard in this election except for one thing: Ann Nixon Cooper is 106 years old.

　She was born just a generation past slavery; a time when there were no cars on the road or planes in the sky; when someone like her couldn't vote for two reasons — because she was a woman and because of the color of her skin.

　And tonight, I think about all that she's seen throughout her century in America — the heartache and the hope; the struggle and the progress; the times we were told that we can't, and the people who pressed on with that American creed: Yes we can.

解答例

Привéт, Чикáго! Éсли ктó-то здесь есть, кто сомневáется, что Амéрика — странá, где возмóжно всё, кто ещё дýмает, что мечтý наших прáотцов живы ли в нáше врéмя, кто стáвит под вопрóс сúлу нáшей демокрáтии, сегóдня вéчером — отвéт на их сомнéния.

……

Как Лúнкольн сказáл, обращáясь к нáции, котóрая былá разделенá ещё бóльше, чем сегóдня: «Мы не врагú, мы друзья́!» Но эмóции, пусть онú нас захлестнýли, онú не должны́ сломáть нáше едúнство.

Поддéржку мнóгих америкáнцев я дóлжен завоевáть. Но я слы́шу вáши голосá, мне нужнá вáша пóмощь, я бýду вáшим президéнтом тóже, дáже éсли вы за меня́ не голосовáли. И все, кто смóтрит сегóдня на меня́ из парлáментов, дворцóв, котóрые слýшают рáдио в забрóшенных уголкáх мúра, у нас, возмóжно, рáзные жúзни, но едúная судьбá. Амéрика протя́нет вам рýку!

Тем, кто пытáется погубúть э́тот мир, я говорю́ — мы вас победúм! Те, кто за мир и безопáсность — мы вас поддéржим. И те, кто сомневáется и дýмает, так ли я́рко горúт фáкел Амéрики, я говорю́ – знáйте, что нáша сúла

◆◇**単語**◇◆

прáотец
（氏族の）祖先

сомнéние
疑い、疑惑、疑念

враг
敵、仇

захлестнýть*
巻き込む、襲いかかる

сломáть
砕く、壊す、折る

завоевáть*
獲得する、征服する

голосовáть
投票する

дворéц
宮殿

уголóк
隅、角

протянýть*
伸ばす、引っ張る

погубúть*
滅ぼす、駄目にする

безопáсность
安全、公安

фáкел
たいまつ

◎**ポイント解説**◎

◇ кто この三つの кто は全て関係代名詞で、先行詞は不定代名詞の ктó-то（誰か）。これは話者にその正体が分からず、明言できないときに使われる。逆に話し手に分かっていても、明言を避けたい場合には кое-ктó（誰か）を使う。また ктó-нибудь は不特定の誰でもいい「誰か」◇ где 場所を示す関係副詞。странá, где … で「…という国」関係代名詞の котóрая が主語で、к нáции … сегóдня で「今以上にいっそう分断された国に」の意。◇ стáвить под вопрóс《対》…を疑問視する、不必要ではないかと思う。◇ былá разделенá 受動態。「…は分断された」の意。разделенá は разделúть*（区分する）の受動形動詞・過去の短語尾女性形。◇ забрóшенных < забрóшенный ← забрóсить（投げ捨てる）の受動形動詞・過去。◇ за 目的や擁護、賛成を表す前置詞。反対の場合は прóтив。◇ кто は関係代名詞で、те, кто … は英語の those, who …（…の人々）に当たるフレーズだが、続く動詞が сомневáется и дýмает の

ни в деньга́х, ни в ору́жии, а в на́ших идеа́лах. В том, что мы предоставля́ем возмо́жности лю́дям, даём наде́жду.

　Вот и́стинный ге́ний США. Аме́рика мо́жет измени́ться. Наш сою́з до́лжен измени́ться, но́вые достиже́ния нас ждут за́втра. Это истори́ческие вы́боры. Очень мно́гие исто́рии бу́дут расска́зываться в бу́дущем.

　Но у меня́ одна́ исто́рия запа́ла в ду́шу про же́нщину, кото́рая проголосова́ла в Атла́нте. Энн Ни́ксон Ку́пер 106 лет. Она́ родила́сь че́рез поколе́ние по́сле того́, как отмени́ли ра́бство.

　Когда́ ещё не́ было ни самолётов, ни вертолётов. Ещё в те времена́, когда́ она́ не могла́ голосова́ть, потому́, что она́ была́ же́нщиной и цвет её ко́жи.

　И сего́дня я ду́маю о том, что она́ ви́дела за век, про́житый в Соединённых Шта́тах. Наде́жда, борьба́, прогре́сс. В те времена́, когда́ нам говори́ли, что мы не мо́жем. Но лю́ди, америка́нцы, говори́ли: «Нет! Мы мо́жем!» Она́ ве́рила и дожда́лась э́того моме́нта. Да! Мы мо́жем!

　　　　　　　Торже́ственная речь Бара́ка Оба́мы

◆◇◆ 単 語 ◇◆

ору́жие
　武器、兵器、軍隊
идеа́л
　理想、極致
предоставля́ть
　供与する、任す
ге́ний
　天才、神髄
вы́бор
　選択、選挙
запа́сть*
　深く刻まれる
поколе́ние
　世代、ジェネレーション
отмени́ть*
　廃止する、取り消す
ко́жа
　皮膚、肌
век
　世紀、時代、一生
соединённый
　連合の、合同の
прогре́сс
　進歩、発展、向上
америка́нец
　アメリカ人
дожда́ться
　待ちおおせる
торже́ственный
　祭典の、儀式の

ように単数になるところに注意。◇ ни в деньга́х, ни в ору́жии, а в на́ших идеа́лах「お金や武器にではなく、我々の理想に」◇ так「しかるべく、そうあるように」◇ ни ..., ни ..., а ...「…にも…にも（なく）…」США アメリカ合衆国＝Соединённые Шта́ты Аме́рики ◇ запа́ла＜запа́сть в ду́шу「心に銘じる、魂に刻まれる」◇ не́ было《生》「…がなかった」この生格は否定生格。「…がない」場合は нет《生》。◇ когда́ 時を表す関係副詞。先行詞は времена́（時代）。в те времена́, когда́ ... で「…の時代に」◇ за век, про́житый ... この за は「超過」を表す前置詞。за век で「1世紀以上」の意。про́житый は прожи́ть*（ある期間暮らす、居住する）の受動形動詞・過去で、後ろから век を修飾している。за век ... Шта́тах で「合衆国で暮らした1世紀以上の間」の意。◇ Нет! 英語の場合、否定文が続く場合は No、肯定文が続く場合は Yes を使うが、ロシア語は日本語同様、Да も Нет も、後に否定文と肯定文の両方を続けることができる。

♪世界の名言集♪

世界中の名言を集めてみました。こんな名言が、いつでもすっと口をついて出てくるようになったら、ステキですね！

※ CDに収録されているロシア語の音声は132ページまでとなります。

♪ 世界の名言集 ♪

(CD) 35   *любо́вь*

Все влюблённые кляну́тся испо́лнить бо́льше, чем мо́гут, и не исполня́ют да́же возмо́жного.
                                                В. Шекспи́р

Те, кто хва́лит же́нщин, зна́ют их недоста́точно; те, кто их руга́ет, не зна́ет их во́все.
                                             Г. Пиго́-Ле́бре

Я два дня прожи́л, не ви́дя Вас, и тем доказа́л, что спосо́бен вы́нести всё.
                                                       Б. Шо́у

Поцелу́й — э́то когда́ две ду́ши встреча́ются ме́жду собо́й ко́нчиками губ.
                                   Иога́нн Во́льфганг Гёте

Уме́ть вы́сказать наско́лько лю́бишь — зна́чит ма́ло.
                                                    Фр. Петра́рка

Же́нщина лю́бит побе́ду над мужчи́ной, кото́рый принадлежи́т друго́й!
                                                       О. Бальза́к

Нам всегда́ ка́жется что нас лю́бят за то, что мы хоро́ший. А не дога́дываемся, что лю́бят нас от того́, что хоро́ший те, кто нас лю́бят.
                                                      Л. Толсто́й

Дру́жба — э́то любо́вь без кры́льев.   Джордж Го́рдон Ба́йрон

Что́бы быть люби́мой, лу́чше всего́ быть краси́вой. Но что́бы быть краси́вой, ну́жно быть люби́мой.
                                                 Франсуа́за Сага́н

Же́нщина молода́ до тех пор пока́ её лю́бят.   Г. Флобе́р

Хо́чешь быть счастли́вым? Вы́учись сперва́ страда́ть.
                                                    И. С. Турге́нев

У же́нщин — всё се́рдце, да́же голова́.
                                                    Ж.-П. Ри́хтер

Же́нщина беспоко́ится о бу́дущем, пока́ не вы́йдет за́муж. Мужчи́на не беспоко́ится о бу́дущем, пока́ не же́нится.
                                                    Коко́ Шане́ль

Же́нщины со́зданы для того́, что́бы их люби́ли, а не для того́, что́бы их понима́ли.
                                                    О́скар Уа́йльд

Лю́бящий мно́гих — зна́ет же́нщин, лю́бящий одну́ — познаёт любо́вь.
                                                    Илья́ Сельви́нский

恋 愛

すべての恋する者は、できること以上のことをしようと誓う。が、できることすらしない。　　　　　　　　　　　　　　　シェークスピア

女性を誉める人は、女性というものを十分に分かっていない。一方、女性を罵る者は、全く分かっていない。　　　　　　　　ピゴー＝ルブラン

あなたを見ないで私は二日過ごした。それによって何でも耐えられることを証明したのだ。　　　　　　　　　　　　　　　バーナード・ショウ

キスとは、二つの魂が唇の端で出会うこと。
　　　　　　　　　　　　　　　　　　　　ヨハン・ヴォルフガング・ゲーテ

どんなに愛しているかを証明できても、あまり意味はない。　ペトラルカ

女性は、ほかの女性に属する男性に勝利するのを愛する。　　バルザック

我々はいつも、自分が善良だから愛されると思っている。が、我々を愛する人が善良だから愛されるのだということに思い至らない。　トルストイ

友情とは、翼のない愛情である。　　　　　ジョージ・ゴードン・バイロン

愛されるためには何よりもまず、美しくなければならない。だが、美しくなるには、愛される必要がある。　　　　　　　フランソワーズ・サガン

女性は、愛されているうちは若い。　　　　　　　　　　　　フローベール

幸せになりたい？なら、まずは苦悩することを学ぶのだ。　ツルゲーネフ

女性はすべてがハートでできている。頭さえも。ジャン・パウル・リヒター

女性は結婚するまで未来を心配するが、男性は結婚してから心配する。
　　　　　　　　　　　　　　　　　　　　　　　　　　　　ココ・シャネル

女性は愛されるために創られたのであり、理解されるために創られたのではない。　　　　　　　　　　　　　　　　　　　　オスカー・ワイルド

多くの人を愛する人は、女性を知っている。一人を愛する人は、愛を知る。
　　　　　　　　　　　　　　　　　　　　　　　　イリヤ・セリヴィンスキー

♪世界の名言集♪

🆑 36 *Любо́вь бежи́т от тех, кто го́нится за не́ю, а тем, кто прочь бежи́т, кида́ется на ше́ю.*
В. Шекспи́р

Ре́вность — сестра́ любви́, подо́бно тому́ как дья́вол — брат а́нгелов.
С. Бу́ффле

Любо́вь не мо́жет вла́ствовать над людьми́, но она́ мо́жет изменя́ть их.
Иога́нн Во́льфганг Гёте

Ме́жду капри́зом и «ве́чной любо́вью» ра́зница то́лько та, что капри́з дли́тся не́сколько до́льше.
О́скар Уа́йльд

Люби́ть кого́-нибудь означа́ет жела́ть э́тому челове́ку то́лько добра́.
Фома́ Акви́нский

Любо́вь — восхити́тельный цвето́к, но тре́буется отва́га, что́бы подойти́ к кра́ю про́пасти и сорва́ть его́.
Стенда́ль

Разлу́ка для любви́ — то же, что ве́тер для огня́: ма́ленькую любо́вь она́ ту́шит, а большу́ю раздува́ет ещё сильне́е.
А. И. Купри́н

Мужчи́на, кото́рый умно́ говори́т о любви́, не о́чень влюблён.
Ж. Санд

Когда́ мне бы́ло 20 лет, я ду́мала то́лько о любви́. Тепе́рь же я люблю́ то́лько ду́мать.
Фаи́на Ране́вская

Любо́вь, как ого́нь, без пи́щи га́снет.
М. Ле́рмонтов

Не смотре́ть друг на дру́га, но смотре́ть в одно́м направле́нии — вот что зна́чит люби́ть.
Антуа́н де Сент-Экзюпе́ри

Любо́вь всеси́льна: нет на Земле́ ни го́ря вы́ше ка́ры её, ни сча́стья вы́ше наслажде́нья служи́ть ей.
В. Шекспи́р

Сча́стье любви́ — в де́йствии: любо́вь проверя́ется гото́вностью де́лать для други́х.
Л. Уо́ллес

Любо́вь и сомне́ние никогда́ не уживу́тся друг с дру́гом.
Д. Х. Джебра́н

Когда́ пьёшь вино́ любви́, ко́е-что на́до оставля́ть в бока́ле.
И. Шо́у

愛は、追い求める人からは逃げていく。が、よそに走る人には首に抱きついてくる。　　　　　　　　　　　　　　　　　　　　シェークスピア

悪魔が天使の兄弟であるように、嫉妬は愛の姉妹である。
　　　　　　　　　　　　　　　　　　　　スタニスラス・ブッフェル

愛は人々に強権を振るうことはできないが、人々を変えることはできる。
　　　　　　　　　　　　　　　　　　　　　　　　　　　　ゲーテ

気まぐれと「永遠の愛」の違いは、気まぐれのほうが少しだけ長続きすることだ。　　　　　　　　　　　　　　　　　　　　オスカー・ワイルド

誰かを愛するというのは、その人に善だけを願うという意味だ。
　　　　　　　　　　　　　　　　　　　　　　　　トマス・アクィナス

愛は素敵な花だが、崖っぷちに近寄ってそれを摘むための勇敢さが必要だ。
　　　　　　　　　　　　　　　　　　　　　　　　　　　スタンダール

愛と別れは、灯と風のよう。小さな愛は吹き消されてしまうが、大きな愛は一層強く燃え上る。　　　　　　　　　　　　　　　　　クプリーン

愛を小賢しく語る男は、あまり愛されない。　　　　　ジョルジュ・サンド

私が二十歳の時、愛のことだけを考えた。でも今は、考えることだけを愛している。　　　　　　　　　　　　　　　ファイーナ・ラネーフスカヤ

愛は炎のように、燃料がないと消えてしまう。　　　　レールモントフ

お互いを見つめないで、同じ方向をみる。それが愛するということ。
　　　　　　　　　　　　　　　　　　　　　　　　サン＝テグジュペリ

愛は全能。だからこの世で愛を失う以上の悲しみはないし、愛に仕える喜び以上の幸福もない。　　　　　　　　　　　　　　シェークスピア

愛の幸福は、行動にある。愛は、他者のために何かをしようとする心がけによって確かめられる。　　　　　　　　　　　　　ルー・ウォーレス

愛と疑いは決して共存しない。　　　　　　　　ハリール・ジブラーン

愛の美酒を飲む時には、グラスに何がしかを残しておかなければならない。
　　　　　　　　　　　　　　　　　　　　　　　　アーウィン・ショー

♪世界の名言集♪

🎧 37 *Любовь — мудрое изобретение природы: тот, кто любит, с лёгкостью делает то, что должен.*
В. Швебель

Я хочу быть любимой или быть понятой, — что одно и то же.
Б. Арним

Одним взглядом можно убить любовь, одним же взглядом можно воскресить её.
У. Шекспир

Любовь без уважения далеко не идёт и высоко не поднимается: это ангел с одним крылом.
А. Дюма-сын

Прежде чем клясться женщине никого не любить, кроме неё, следовало бы увидеть всех женщин или же видеть только её одну.
П. Буаст

Полюбить можно лишь то, что знаешь.
Л. да Винчи

Любить — это находить в счастье другого своё собственное счастье.
Г. Лейбниц

Любовь — история в жизни женщины и эпизод в жизни мужчины.
Ж.-П. Рихтер

В любви теряют рассудок, в браке же замечают эту потерю.
М. Сафир

Любовь — как прилипчивая болезнь: чем больше её боишься, тем скорее подхватишь.
Н. Шамфор

Любовь — теорема, которую каждый день надо доказывать!
Архимед

Нет некрасивых женщин, есть только женщины, не умеющие быть красивыми.
Ж. Ламбрюйер

Кто может править женщиной, может править государством.
О. Бальзак

Великие возможности приходят ко всем, но многие даже не знают, что встретились с ними.
У. Даннинг

Когда женщина умирает от любви к тебе, это уже нечто вроде диплома.
М. Ашар

愛は、自然界の賢明な発明。愛する者は、なすべきことを軽やかになす。
　　　　　　　　　　　　　　　　　　ウイルヘルム・シュエーベル

私は愛されたいし、理解されたい。これはどちらも同じこと。
　　　　　　　　　　　　　　　　　　　　　ベッティーナ・アルニム
一瞥で愛を殺すこともできるし、愛を蘇らせることもできる。
　　　　　　　　　　　　　　　　　　　　　　　　シェークスピア

尊敬のない愛は、遠くに行けないし、高く飛べない。片翼の天使だから。
　　　　　　　　　　　　　　　　　　アレクサンドル・デュマ・フィス

あなた以外誰も愛さないと女性に誓う前に、すべての女性を見るか、たった一人の女性を見なければならないだろう。　　ピエール・ボワストゥ

知っていることだけを愛すことができる。　　　レオナルド・ダ・ヴィンチ

愛すると.は、他人の幸福の中に自身の幸福を見出すこと。　ライプニッツ

愛とは、女性にとっては人生の歴史であり、男性にとっては人生のエピソードである。　　　　　　　　　　　　　　　ジャン・パウル・リヒター
人は恋すると分別を失うが、結婚するとその喪失に気付く。
　　　　　　　　　　　　　　　　　　　　　　　モーリス・サフィール
愛は伝染病のよう。恐れれば恐れるほど、ますます感染してしまう。
　　　　　　　　　　　　　　　　　　　　　ニコラス・シャンフォール
愛とは、毎日証明しなければならない定理である。　　アルキメデス

美しくない女性はいない。美しくあることができない女性がいるだけだ。
　　　　　　　　　　　　　　　　　　ジャン・ド・ラ・ブリュイエール
女性を御せる人は、国家をも御せる。　　　　　　　　　　バルザック

偉大な可能性は万人にやってくるが、多くの人はそれに出会ってるのに気づきもしない。　　　　　　　　　　　　　　　　R.W. ダニング

女性が君への愛で死にそうになったら、それがもう卒業証書のようなもの。
　　　　　　　　　　　　　　　　　　　　　　　マルセル・アシャール

♪世界の名言集♪

🆔 38 *Любо́е ва́ше реше́ние — э́то оши́бка.*　　Эдуа́рд Далбе́рг

Ни оди́н челове́к не мо́жет стать бо́лее чужи́м, чем тот, кого́ ты в про́шлом люби́л.
　　Э. Рема́рк

Сло́во "любо́вь" означа́ет две ра́зные ве́щи: про́сто любо́вь, то есть страсть, и милосе́рдие.
　　С. Мо́эм

Настоя́щая любо́вь не признаёт никаки́х приказа́ний и никаки́х обе́тов.
　　Маргари́та Вálуа

Для лю́бящего челове́ка вся вселе́нная слила́сь в люби́мом существе́.
　　Л. Бёрне

Неразделённая любо́вь так же отлича́ется от любви́ взаи́мной, как заблужде́ние от и́стины.
　　Ж. Санд

То́лько в мину́ты свида́ния и разлу́ки лю́ди зна́ют, ско́лько любви́ та́йло их се́рдце.
　　Ж.-П. Ри́хтер

Тот, кто никогда́ не иска́л ни дру́жбы, ни любви́, в ты́сячу раз бедне́е того́, кто их обе́их утра́тил.
　　Ж.-П. Ри́хтер

Люби́ть — зна́чит переста́ть сра́внивать.　　Берна́р Гра́ссе

Мы мо́жем изба́виться от боле́зни с по́мощью лека́рств, но еди́нственное лека́рство от одино́чества, отча́яния и безнадёжности — э́то любо́вь. В ми́ре мно́го люде́й, кото́рые умира́ют от го́лода, но ещё бо́льше тех, кто умира́ет от того́, что им не хвата́ет любви́.
　　Мать Тере́за

Са́мое ве́рное сре́дство завоева́ть любо́вь други́х — подари́ть им свою́ любо́вь.
　　Жан-Жак Руссо́

Любо́вь никогда́ не про́сит, она́ всегда́ даёт.
　　Сва́ми Вивека́нанда

Безотве́тная любо́вь не унижа́ет челове́ка, а возвыша́ет его́.
　　Алекса́ндр Пу́шкин

Ну́жно име́ть что́-то о́бщее, что́бы понима́ть друг дру́га, и че́м-то отлича́ться, что́бы люби́ть друг дру́га.
　　Поль Жера́льди

あなたのどんな決断も、間違いである。　　　　エドワード・ダルバーグ

どんな人間も、あなたが過去に愛した人ほど、他人にはなれない。
　　　　　　　　　　　　　　　　　　　　　エーリッヒ・レマルク

愛という言葉は、二つの異なる意味がある。単なる愛、つまり情熱と、そして慈愛である。　　　　　　　　　　　　　　　サマセット・モーム

真の愛は、どんな命令や誓いも認めない。　マルグリット・ド・ヴァロワ

恋をしている人のために、全宇宙が愛する存在に流れ込んだのだ。
　　　　　　　　　　　　　　　　　　　　　ルートヴィヒ・ベルネ

片思いと相思相愛の違いは、誤解と真実の違いのようなもの。
　　　　　　　　　　　　　　　　　　　　　　　ジョルジュ・サンド

出会いと別れのときだけ、人は自分の心にいかに愛が潜んでいるかを知る。
　　　　　　　　　　　　　　　　　　　　ジャン・パウル・リヒター

友情も愛も見つけられない人は、その両方を失った人より千倍も哀れだ。
　　　　　　　　　　　　　　　　　　　　ジャン・パウル・リヒター

愛するとは、比較するのを止めること。　　　ベルナール・グラッセ

私たちは薬の助けで病気を避けることができます。でも、孤独や絶望の唯一の薬は、愛です。世の中には、飢えで亡くなる人が沢山います。でも、愛情が足りなくて亡くなる人は、もっと大勢いるのです。
　　　　　　　　　　　　　　　　　　　　　　　　マザー・テレサ

他者の愛を勝ち取るための最も信憑性のある方法は、他者に自分の愛を与えることです。　　　　　　　　　　　　　ジャン＝ジャック・ルソー

愛とは決して請わずに、常に与えるもの。　　ヴィヴェーカーナンダ

片思いは人を滅ぼさず、高める。　　　　アレクサンドル・プーシキン

お互いに理解し合うには、何か共通のものを持つ必要がある。お互いに愛し合うには、どこか違う必要がある。　　　　ポール・ジェラルディ

♪ 世界の名言集 ♪

CD 39 *В одно́м ча́се любви́ — це́лая жизнь.*

О. Бальза́к

Любо́вь одна́, но подде́лок под неё — ты́сячи.

Франсуа́ Ларошфуко́

Любо́вь сто́ит ро́вно сто́лько, ско́лько сто́ит челове́к, кото́рый её испы́тывает.

Роме́н Ролла́н

Вся́кая любо́вь, име́ющая причи́ной не свобо́ду ду́ха, а что́-то ино́е, легко́ перехо́дит в не́нависть.

Бенеди́кт Спино́за

Любо́вь бо́льше того́, кто лю́бит.   Ио́сиф Бро́дский

Настоя́щая любо́вь всегда́ твори́т и никогда́ не разруша́ет. И в э́том — еди́нственная наде́жда челове́ка.

Леона́рдо Бускалья

Лу́чше быть рабо́м у люби́мой, чем свобо́дным у нелюби́мой.

Э́рик Бёрн

Люби́ть — зна́чит ви́деть чу́до, неви́димое для други́х.

Франсуа́ Мо́риак

Мне никогда́ не нра́вились мужчи́ны, в кото́рых я была́ влюблена́, и я никогда́ не была́ влюблена́ в мужчи́н, кото́рые мне нра́вились.

Фа́нни Брайс

Мы добива́емся любви́ други́х, что́бы име́ть ли́шний по́вод люби́ть себя́.

Дени́ Дидро́

Нет бо́ли сильне́е, чем та, что причиня́ют друг дру́гу влюблённые.

Сири́лл Конноллий

Любо́вь — э́то всё. И э́то всё, что мы зна́ем о ней.

Эми́ли Ди́кинсон

Любо́вь — э́то насто́ль до́лгое заня́тие, для кото́рого одна́ жизнь — ничто́жна мала́. Любо́вь — э́то гото́вность провести́ вдвоём ве́чность.

Михаи́л Эпште́йн

То, что мы испы́тываем, когда́ быва́ем влюблены́, быть мо́жет, и есть на́ше норма́льное состоя́ние. Влюблённость ука́зывает челове́ку, каки́м он до́лжен быть.

Анто́н Че́хов

Любо́вь не мо́жет быть самоце́лью, ина́че она́ теря́ет вся́кий смысл.

Мать Тере́за

恋の一時に、全人生がある。　　　　　　　オノレ・ド・バルザック

愛は一つ、だが偽物は幾千もある。　フランソワ・ド・ラ・ロシュフコー

愛は、愛を経験している人の値と同じ値である。　　　　ロマン・ロラン

どんな愛にも精神が不自由になる原因があるが、他の別なものは、簡単に憎しみに変わる。　　　　　　　　　ベネディクトゥス・デ・スピノザ

愛は、愛する者よりも大きい。　　　　　　　　ヨシフ・ブロツキー

真の愛は常に創造し、決して破壊しない。そしてここに人間の唯一の希望がある。　　　　　　　　　　　　　　　　レオナルド・ブスカリア

嫌いな人と自由でいるより、好きな人の奴隷でいるほうがいい。
　　　　　　　　　　　　　　　　　　　　　エリック・バーン

愛とは、他人には見えない奇跡が見えること。フランソワ・モーリアック

私はかつて恋した男性達を決して気に入らなかった。そして私が気に入らない男性に決して恋をしなかった。　　　　　　ファニー・ブライス

我々は、自分を愛する口実を余計に持つために、他人の愛を得ようとする。
　　　　　　　　　　　　　　　　　　　　　ドゥニ・ディドロ

愛するもの同士がお互いに被らせる痛み以上に強い苦痛はない。
　　　　　　　　　　　　　　　　　　　　　シリル・コノリー

愛─これが全て。そしてこれが、我々が愛について知っている全てだ。
　　　　　　　　　　　　　　　　　　　エミリー・ディキンソン

愛は、非常に長い作業なので、それには一生はとても短い。愛は、二人で永遠を過ごす覚悟である。　　　　　　　ミハイル・エプシテイン

我々が恋しているときに味わうものが、我々の正常な状態なのかもしれない。恋は、人がどうあるべきかを指し示す。　　　アントン・チェーホフ

愛はそれ自体が目的ではない。そうでなければ全ての意味を失う。
　　　　　　　　　　　　　　　　　　　　　　マザー・テレサ

♪世界の名言集♪

Любо́вь как рту́ть: мо́жно удержа́ть её в откры́той ладо́ни, но не в сжа́той руке́.

До́роти Па́ркер

Любо́вь — э́то еди́нственный разу́мный и удовлетвори́тельный отве́т на вопро́с о смы́сле челове́ческого существова́ния.

Э́рих Фромм

CD 40   ***жизнь***

В жи́зни есть то́лько две настоя́щие траге́дии: одна́ — когда́ не получа́ешь того́, чего́ хо́чешь, а втора́я — когда́ получа́ешь.

О́скар Уа́йльд

В конце́ концо́в челове́ку дана́ всего́ одна́ жизнь — от чего́ же не прожи́ть её как сле́дует?

Джек Ло́ндон

В чём смысл жи́зни? Служи́ть други́м и де́лать добро́.

Аристо́тель

Всегда́ рабо́тай. Всегда́ люби́. Люби́ жену́ и дете́й бо́льше самого́ себя́. Не жди от люде́й благода́рности и не огорча́йся, е́сли тебя́ не благодаря́т. Наставле́ние вме́сто не́нависти, улы́бка вме́сто презре́ния. Име́й всегда́ в свое́й библиоте́ке но́вую кни́гу, в по́гребе — по́лную буты́лку, в саду́ — све́жий цвето́к.

Эпику́р

День — э́то ма́ленькая жизнь, и на́до прожи́ть её так, бу́дто ты до́лжен умере́ть сейча́с, а тебе́ неожи́данно подари́ли ещё су́тки.

Макси́м Го́рький

Живёшь то́лько раз.   Иога́нн Во́льфганг Гёте

Жизнь — как вожде́ние велосипе́да. Что́бы сохрани́ть равнове́сие, ты до́лжен дви́гаться.

Альбе́рт Эйнште́йн

Жизнь — са́мый лу́чший теа́тр, да жаль, репертуа́р из рук вон плох.

О́скар Уа́йльд

Жизнь — сли́шком серьёзная шту́ка, что́бы воспринима́ть её сли́шком серьёзно.

О́скар Уа́йльд

愛は水銀のよう。手のひらに乗せておけるが、握りしめられない。
　　　　　　　　　　　　　　　　　　　　　　　ドロシー・パーカー

愛は、人間存在の意味への問いに対する唯一道理にかなった、満足のいく答えである。　　　　　　　　　　　　　　　　　　エーリヒ・フロム

人　生

人生には二つの悲劇があるだけ。それは、欲しいときに手に入らないのと、手に入るときに欲しくないのとだ。　　　　　　　　　オスカー・ワイルド

結局、人生は一回きりしか人に与えられていないのに、どうしてちゃんとそれを過ごさないのか？　　　　　　　　　　　　　ジャック・ロンドン

人生の意味とは？　他人に尽くし、善を行うこと。　　　アリストテレス

常に働け。常に愛せ。自分以上に妻子を愛せ。人から感謝を期待せず、感謝されなくても悲しむな。憎しみではなく教訓を、軽蔑ではなく微笑みを。常に書斎には新書を、酒蔵には満たされた瓶を、庭には新鮮な花を。
　　　　　　　　　　　　　　　　　　　　　　　　　　　エピクロス

一日は、小さな一生。今、死ぬはずなのに、思いがけずもう一昼夜与えられた—そんなつもりで過ごすべきだ。　　　　　　マクシム・ゴーリキー

人生は一度きり。　　　　　　　　　　　　　　　　　　　　　　ゲーテ

人生は自転車漕ぎのよう。平衡を保つには動かないといけない。
　　　　　　　　　　　　　　　　　　　　　アルバート・アインシュタイン

人生は最良の劇だが、予行演習がほら、こんなに酷いのが残念でならぬ。
　　　　　　　　　　　　　　　　　　　　　　　　　オスカー・ワイルド

人生は、あまりにも深刻過ぎて、深刻に受けとめられないものなのだ。
　　　　　　　　　　　　　　　　　　　　　　　　　オスカー・ワイルド

♪ 世界の名言集 ♪

🎧 41 *Жизнь — э́то бога́тство, сто́имость кото́рого определя́ется вре́менем.*
             Анжели́ка Миропо́льцева

Жизнь — э́то цвето́к, а любо́вь — некта́р.   Викто́р Гюго́

Жизнь не горька́ для того́, кто твёрдо убеждён, что во́все не жить — не беда́.
                   Эпику́р

Жизнь по настоя́щему краси́ва лишь тогда́, когда́ в ней зало́жена траге́дия.
               Теодо́р Дра́йзер

Жизнь челове́ка — борьба́ с ко́знями челове́ка.
           Бальтаса́р Грасиа́н-и-Мора́лес

Жизнь, как земно́й шар. За оди́н день мо́жет оберну́ться на 360 гра́дусов.
                Неизве́стный

Жить — зна́чит де́лать ве́щи, а не приобрета́ть их.
                 Аристо́тель

Жить — ра́зве э́то не зна́чит пита́ть несокруши́мую ве́ру в побе́ду?
             Фе́ликс Дзержи́нский

Жить ду́рно, неразу́мно, невоздержа́нно — зна́чит не пло́хо жить, но ме́дленно умира́ть.
                 Демокри́т

Жить как хо́чешь не вся́кий мо́жет; на́до жить как до́лжно.
                Хуа́н Мануэ́ль

Запо́мните, в жи́зни всегда́ мно́го тако́го, на что сле́дует отва́житься, и тако́го, что сле́дует презира́ть, и взве́сьте при э́том свой ум и си́лы.
            Люк де Клапье́ Во́венарг

И́стинная ра́дость жи́зни — приноси́ть по́льзу ра́ди достиже́ния той це́ли, кото́рую ты призна́л досто́йной.
                   Б. Шо́у

Лишь тот досто́ин жи́зни и свобо́ды, кто ка́ждый день за них идёт на бой.
           Иога́нн Во́льфганг Гёте

Мно́гие лю́ди руга́ются на жизнь не потому́ что у них тру́дная жизнь, а жизнь тру́дная потому́ что руга́ются на жизнь.
                 Аба́й Сады́ков

Смысл жи́зни в красоте́ и си́ле стремле́ния к це́лям, и ну́жно, что́бы ка́ждый моме́нт бытия́ име́л свою́ высо́кую цель.
                Макси́м Го́рький

人生の豊かさと価値は、時によって明確になる。
アンジェリカ・ミロポリツェワ

人生は花、愛は蜜。　　　　　　　　　　　　ヴィクトル・ユーゴー

人生は、それが災厄とは限らないと確信する者にとっては、辛いものではない。
エピクロス

人生は、悲劇が含まれるときにのみ、本当に美しい。セオドア・ドライサー

人の一生は、人の罠との戦い。　　　　　　　バルタサル・グラシアン

人生は地球のよう。たった一日で三百六十度回転できる。　　作者不詳

人生とは事を成すことであって、事を得ることではない。アリストテレス

人生とは、はたして勝利への確たる信を味わうことではないだろうか。
フェリックス・ジェルジンスキー

不道徳に、愚かに、放縦に生きるのは、悪しく生きているのではなく、静かに死んでいっているのである。　　　　　　　　　　デモクリトス

皆が好きなように生きられはしない。故にしかるべく生きなければならない。
フアン・マヌエル

人生には、あえてしなければならない事、蔑視しなければならない事が常にあるのを覚えておきなさい。そしてその際、自身の知力と体力を考慮しなさい。　　　　　　　リュック・ド・クラピエ・ヴォーヴナルグ

人生の真の喜びは、君がふさわしいと認めたその目的達成のために役立つことだ。　　　　　　　　　　　　　　　　　　　　バーナード・ショウ

人生と自由にふさわしいのは、日々そのために戦っている人のみである。
ゲーテ

多くの人が生活を罵るのは、彼らの生活が辛いからではなく、生活を罵るために生活が辛くなるからである。　　　　　　　アバイ・サディコフ

人生の意味は、美と、目的を希求する力にあり、存在のそれぞれの瞬間が高貴な目的を持つ必要がある。　　　　　　　マクシム・ゴーリキー

♪ 世界の名言集 ♪

Хоро́шие друзья́, хоро́шие кни́ги и спя́щая со́весть — вот идеа́льная жизнь.

Марк Твен

Цель жи́зни — самовыраже́ние. Прояви́ть во всей полноте́ свою́ су́щность — вот для чего́ мы живём.

О́скар Уа́йльд

CD 42　　　**брак, сва́дьба**

Брак — э́то лихора́дка, кото́рая начина́ется жа́ром, а конча́ется хо́лодом.

Гиппокра́т

Брак — э́то многоле́тний герои́ческий труд отца́ и ма́тери, поднима́ющих на́ ноги свои́х дете́й.

Б. Шо́у

Брак не мо́жет быть счастли́вым, е́сли супру́ги до вступле́ния в сою́з не узна́ли в соверше́нстве нра́вы, привы́чки и хара́ктеры друг дру́га.

О. Бальза́к

Брак образу́ется от любви́, как у́ксус от вина́.

Джордж Го́рдон Ба́йрон

Брак прино́сит мно́го огорче́ний, одна́ко безбра́чие не даёт никаки́х ра́достей.

Сэ́мюэл Джо́нсон

Жени́ться — э́то зна́чит наполови́ну уме́ньшить свои́ права́ и вдво́е увели́чить свои́ обя́занности.

Арту́р Шопенга́уэр

Любо́вь — вещь идеа́льная, супру́жество — реа́льная; смеше́ние реа́льного с идеа́льным никогда́ не прохо́дит безнака́занно.

Иога́нн Во́льфганг Гёте

Мужчи́на не име́ет пра́ва жени́ться, не изучи́в предвари́тельно анато́мии и не сде́лав вскры́тия хотя́ бы одно́й же́нщины.

О. Бальза́к

Ни оди́н челове́к не спосо́бен поня́ть, что тако́е настоя́щая любо́вь, пока́ не проживёт в бра́ке че́тверть ве́ка.

Марк Твен

Са́мая про́чная осно́ва для бра́ка — взаи́мное непонима́ние.

О́скар Уа́йльд

Увы́! Мно́гие в бы́тность женихо́м и неве́стой не зна́ли ничего́, кро́ме поэ́зии, а по́сле жени́тьбы жи́ли всегда́ в про́зе.

Фрэ́нсис Бэ́кон

良き友に良書、そして眠れる良心―これこそ理想的な人生。
マーク・トウェイン

人生の目的は自己表現なり。自己の本質を完全に表す―そのために我々は生きている。
オスカー・ワイルド

結 婚

結婚は、熱に始まり、冷えで終わる熱病である。
ヒポクラテス

結婚は、我が子が自分の足で立ち上がれるまでの、父と母の長年にわたる、英雄的な労働である。
バーナード・ショウ

もしも結ばれるまでに夫婦が風習や癖、性格を互いに完全に知らないと、結婚は幸福なものにはなりえない。
オノレ・ド・バルザック

酢が酒から作られるように、結婚は愛からでき上がる。
ジョージ・ゴードン・バイロン

結婚は多くの悲しみをもたらすが、独身はどんな喜びももたらさない。
サミュエル・ジョンソン

結婚するとは、自分の権利を半減し、自分の義務を倍にすることである。
アルトゥル・ショーペンハウアー

愛は理想であり、結婚は現実である。現実と理想を混同すると、決して罪を免れなくなる。
ゲーテ

事前に解剖学を学ばずに、たった一人の女性さえも解剖したことのない男性は、結婚する権利がない。
オノレ・バルザック

本当の愛が何なのかは、結婚して四半世紀経たなければ誰にも分からない。
マーク・トウェイン

結婚の最も堅固な基礎とは、互いの無理解である。　オスカー・ワイルド

ああっ、婚約している時に、多くの人は詩的なもの以外、何も知らなかったが、結婚後は常に散文的に暮らすのだ。
フランシス・ベーコン

♪世界の名言集♪

CD 43 *глу́пость*

Больно́й вы́здоровеет, пья́ный протрезви́тся, черноволо́сый — поседе́ет, но глупе́ц оста́нется глупцо́м.
Шо́лом-Алейхе́м

Глу́пость быва́ет двух родо́в: молчали́вая и болтли́вая.
О. Бальза́к

Дура́к не вступа́ет в диало́г с сами́м собо́й.
Джордж Сэви́л Галифа́кс

Е́сли ты не жела́ешь ви́деть дурако́в, пре́жде всего́ разбе́й своё зе́ркало.
Фра́нсуа Рабле́

Есть две бесконе́чные ве́щи — Вселе́нная и челове́ческая глу́пость. Впро́чем, насчёт Вселе́нной я не уве́рен.
Альбе́рт Эйнште́йн

Из всех воро́в дураки́ са́мые вре́дные: они́ одновреме́нно похища́ют у нас вре́мя и настрое́ние.
Иога́нн Во́льфганг Гёте

Коли́чество глу́постей, соверша́емых по веле́нию рассу́дка, гора́здо бо́льше, чем коли́чество глу́постей, соверша́емых по глу́пости.
Ча́рлз Ча́плин

Лу́чше глупцо́м быть вме́сте со все́ми, чем мудрецо́м в одино́чку.
Бальтаса́р Грасиа́н-и-Мора́лес

Молоды́е лю́ди говоря́т о том, что они́ де́лают; старики́ о том, что они́ де́лали; а дураки́ о том, что им хоте́лось бы де́лать.
Пьер Буа́ст

Молча́ние не всегда́ дока́зывает прису́тствие ума́, зато́ всегда́ дока́зывает отсу́тствие глу́пости.
Пьер Буа́ст

Му́дрые лю́ди обду́мывают свои́ мы́сли, глупы́е — провозглаша́ют их.
Ге́нрих Ге́йне

Не серди́тесь на дурако́в, они́ бу́дут жить ещё до́лго, к ним сле́дует относи́ться, как к дурно́й пого́де.
Макси́м Го́рький

Роди́ться глу́пым не сты́дно, сты́дно то́лько умира́ть глупцо́м.
Э́рих Мари́я Рема́рк

愚かさ

病人なら健康になる。酔っぱらいは酔いが醒める。黒髪は白髪になる。しかし馬鹿は馬鹿のままである。　　　　　　　　ショーレム・アレイヘム

寡黙なのとおしゃべりのと、馬鹿には二種類ある。　オノレ・バルザック

馬鹿は自分自身とは対話しない。　ジョージ・サヴィル・ハリファックス

もし馬鹿を見たくないなら、まず自分の鏡を割れ。フランソワ・ラブレー

無限なものが二つある。宇宙と人間の愚かさだ。しかし、宇宙については自信がない。　　　　　　　　　　　アルベルト・アインシュタイン

あらゆる泥棒の中で馬鹿が最も有害である。我々から時間といい気分を同時に奪うから。　　　　　　　　　　　　　　　　　　　　ゲーテ

理性の命によってなされる愚行は、愚かさによってなされる愚行よりも遥かに多い。　　　　　　　　　　　　　　チャールズ・チャップリン

賢者が一人でいるよりも、愚者がみんなといるほうがよい。
　　　　　　　　　　　　　　　　　　バルタサル・グラシアン
若者は自分のしている事を話し、老人は自分のした事を話す。が、馬鹿は自分のしたい事を話す。　　　　　　　　　　　ピエール・ボワストゥ

沈黙は必ずしも知性の存在を示すものではないが、常に愚かさの不在を示す。　　　　　　　　　　　　　　　　　　ピエール・ボワストゥ

賢者は自分の考えを熟慮するが、愚者はそれを公言する。
　　　　　　　　　　　　　　　　　　　ハインリヒ・ハイネ
馬鹿に腹を立てないで。彼らは長生きするだろうから、悪天候に接するようにしなくてはいけない。　　　　　　　　マクシム・ゴーリキー

馬鹿に生まれつくのは恥ではない。馬鹿のまま死ぬことだけが恥なのだ。
　　　　　　　　　　　　　　　エーリッヒ・マリア・レマルク

♪ 世界の名言集 ♪

Чем человек глупей — тем чаще подменяет главное второстепенным.
Али Апширони

Что для одного глупость, для другого может быть открытием.
Анжелика Миропольцева

Чужие глупости ещё никого не сделали умными.
Наполеон Бонапарт

CD 44 *знание, эрудиция*

Гораздо важнее знать, что делается, чем делать то, что знаешь.
Боэций

Деятельность — единственный путь к знанию.   *Б. Шоу*

Для того и знанье людям, чтобы душу укреплять.
Шота Руставели

Знание есть сила, сила есть знание.   *Фрэнсис Бэкон*

Знающий людей разумен, а знающий себя самого прозорлив.
Лао-Цзы

Ложное знание опаснее невежества.   *Б. Шоу*

Недостаточно только получить знания; надо найти им приложение.
Иоганн Вольфганг Гёте

Подозрений у человека тем больше, чем меньше он знает.
Фрэнсис Бэкон

Чем более мы размышляем, тем более убеждаемся, что ничего не знаем.
Вольтер

Я не властолюбивый человек. Меня интересуют вовсе не вершины власти, а горизонты знаний и просторы мысли.
Али Апширони

人間が愚かになればなるほど、頻繁に主要なものを副次的なものとすり替えるようになる。 アリ・アプシェロニ

ある人にとって愚かしいことでも、別の人にとって発見になりうる。
アンジェリカ・ミロポリツェワ

他人の愚行で賢明になる人は決していない。 ナポレオン・ボナパルト

知

知っていることを為すよりも、為されていることを知る方がはるかに重要だ。 ボエティウス

行動は、知への唯一の道なり。 バーナード・ショウ

魂を強くするために、人に知がある。 ショタ・ルスタヴェリ

知は力、力は知。 フランシス・ベーコン

他者を知る人は利口だが、自身を知る人は慧眼の持ち主である。 老子

偽りの知は、無知よりも危険である。 バーナード・ショウ

知識を受け取るだけでは不十分である。それを応用しなければならない。
ゲーテ

人間の抱く疑いは、知識が少なければ少ないほど増大する。
フランシス・ベーコン

よくよく考えれば考えるほど、我々が何も知らないということを、ますます確信する。 ヴォルテール

私は権力志向の人間ではない。概して私が興味のあるのは、権力の頂ではなく、知の地平と思考の空漠である。 アリ・アプシェロニ

♪世界の名言集♪

CD 45　　　　　　　　*искусство*

Искусство — загадка!　　　　　　　　　　　*Эдвард Григ*

Без творческих поисков нет подлинного искусства.
　　　　　　　　　　　　　　　　Дмитрий Шостакович

Без энтузиазма в искусстве не создаётся ничего настоящего.
　　　　　　　　　　　　　　　　Роберт Шуман

В наш уродливый и благоразумный век поэзия, живопись, музыка черпают вдохновение не из жизни, а друг у друга.　　　*Оскар Уайльд*

Величие искусства яснее всего проявляется в музыке.
　　　　　　　　　　　　　　　Иоганн Вольфганг Гёте

Выдающийся художник часто не может судить ни о своих, ни о чужих произведениях.　　*Иоганн Вольфганг Гёте*

Жизнь коротка, искусство бесконечно.　　　*Оскар Уайльд*

Задача искусства не в том, чтобы копировать природу, но чтобы её выражать. Нам должно схватывать ум, смысл, облик вещей и существ.
　　　　　　　　　　　　　　　　О. Бальзак

Искусство — ложь, которая делает нас способными осознать правду.
　　　　　　　　　　　　　　　　Пабло Пикассо

Облагораживать жизнь искусствами.　　*Публий Вергилий*

Постоянный труд есть закон как искусства, так и жизни.
　　　　　　　　　　　　　　　　О. Бальзак

Прямая обязанность художника — показывать, а не доказывать.
　　　　　　　　　　　　　　　　Александр Блок

Рукописи не горят.　　　　　　　　*Михаил Булгаков*

Стихотворение — растянутое колебание между звуком и смыслом.
　　　　　　　　　　　　　　　　Поль Валери

Художник должен начертить план свой с огнём, но выполнить его с хладнокровием.　　*Иоганн Иоахим Винкельманн*

Художник пишет не то, что видит, а то, что будут видеть другие.
　　　　　　　　　　　　　　　　Поль Валери

芸術

芸術とは、謎だ！　　　　　　　　　　　　　エドヴァルド・グリーグ

創作的な探求がなければ、真の芸術もない。
　　　　　　　　　　　　　　　　ドミートリイ・ショスタコーヴィチ
芸術に情熱がなければ本物は何も生まれない。　ロベルト・シューマン

現在のような異常で分別臭い時代、詩や絵画や音楽は、霊感を汲み取るのは人生からではなく、お互いからである。　　オスカー・ワイルド

芸術の偉大さは何よりも明らかに音楽に現れる。　　　　　　　ゲーテ

傑出した芸術家は、しばしば自分の作品も、他人の作品も評価できない。
　　　　　　　　　　　　　　　　　　　　　　　　　　　　ゲーテ
人生は短いが、芸術は無限だ。　　　　　　　オスカー・ワイルド

芸術の課題は、自然をコピーするのではなく、自然を表現することにある。我々は知と意味と、事象の輪郭を把握しなければならない。
　　　　　　　　　　　　　　　　　　　　　オノレ・バルザック
芸術は、我々が真実を認識できるようにしてくれる虚偽である。
　　　　　　　　　　　　　　　　　　　　　　　パブロ・ピカソ

人生を芸術で高尚にしなければならない。　プブリウス・ウェルギリウス

絶え間ない労苦が、芸術の法則であるのと同じく人生の法則である。
　　　　　　　　　　　　　　　　　　　　　オノレ・バルザック
芸術家の直接の義務とは、提示することであって証明することではない。
　　　　　　　　　　　　　　　　　　　アレクサンドル・ブローク
原稿は燃えない。　　　　　　　　　　　ミハイル・ブルガーコフ

詩とは、音と意味の間の、引き延ばされた振動である。ポール・ヴァレリー

芸術家は炎で自分の図面を描かねばならないが、非情さで描いてはならない。　　　　　　　　　　　　ヨハン・ヨアヒム・ヴィンケルマン

芸術家は自分に見えるものを書くのではなく、他者が見るであろうものを書く。　　　　　　　　　　　　　　　　　　ポール・ヴァレリー

♪世界の名言集♪

па́мять

Воспомина́ния — вот из-за чего́ мы старе́ем. Секре́т ве́чной ю́ности — в уме́нии забыва́ть.
Э́рих Мари́я Рема́рк

Все жа́луются на свою́ па́мять, но никто́ не жа́луется на свой ра́зум
Франсуа́ Ларошфуко́

Кто согре́т любо́вью к лю́дям — не осты́нет ве́чно!
Тара́с Шевче́нко

Лю́ди не то́лько забыва́ют благодея́ния и оби́ды, но да́же скло́нны ненави́деть свои́х благоде́телей и проща́ть оби́дчиков.
Франсуа́ Ларошфуко́

Прости́ть — не зна́чит забы́ть.   Са́ра Берна́р

Я никогда́ не отрица́ю, я никогда́ не противоре́чу, я иногда́ забыва́ю.
Бе́нджамин Дизра́эли

ра́дость

Го́ре мо́жно пережи́ть в одино́честве, но ра́дость — чтоб позна́ть её в по́лной ме́ре — ну́жно раздели́ть с други́м челове́ком.
Марк Твен

И сме́ною ра́достей жизнь хороша́.   Иога́нн Во́льфганг Гёте

Лю́ди, кото́рые вкуша́ют сли́шком мно́го ра́дости, неизбе́жно тупе́ют.
О. Бальза́к

Не выска́зывай ра́дость при ви́де несча́стья друго́го челове́ка, будь он да́же твои́м вра́гом.
Джордж Ва́шингтон

Ра́дость — э́то когда́ душа́ перестаёт проси́ть то, чего́ у неё нет, и начина́ет ра́доваться тому́, что есть.
Аба́й Сады́ков

Ра́дость необходи́ма для тво́рчества.   Э́двард Григ

Скорбь безграни́чна, ра́дость име́ет преде́лы.   О. Бальза́к

記憶

思い出とは、我々が年老いた故に生じるもの。永遠の若さの秘密は、忘却する能力にある。　　　　　　　　　　エーリッヒ・マリア・レマルク

みな自分の記憶力に不平を言うが、自分の理性に不平を言うものは誰もいない。　　　　　　　　　　　　　　フランソワ・ラ・ロシュフコー

人々への愛を暖める人は、永遠に冷めない。　　タラス・シェフチェンコ

人々は、感謝や怒りを忘れるだけでなく、自分の恩人を憎んだり、侮辱した者を許しがちでさえある。　　　　フランソワ・ラ・ロシュフコー

許すことは、忘れることを意味しない。　　　　　　　サラ・ベルナール

私は決して拒絶しないし、決して反対しない。忘れてしまうことは時々ある。　　　　　　　　　　　　　　ベンジャミン・ディズレーリ

喜び

悲しみは一人でも我慢できるが、喜びを完全に味わうには、他の人と分かち合う必要がある。　　　　　　　　　　　マーク・トウェイン

喜びを交換しあえば人生は良くなる。　　　　　　　　　　　　ゲーテ

余りに多くの喜びを味わっている人は、鈍感になるのを避けがたい。
　　　　　　　　　　　　　　　　　　　　　　オノレ・バルザック

他人が不幸な際に喜びを表明してはならない。仮にそれが自分の敵だとしても。　　　　　　　　　　　　　　　ジョージ・ワシントン

喜びは、魂が自身の内に無いものを乞うのを止めて、在るものを喜び出した時、生まれる。　　　　　　　　　　　アバイ・サディコフ

創作に喜びは不可欠だ。　　　　　　　エドヴァルド・グリーグ

悲しみに際限はないが、喜びにはある。　　　　オノレ・バルザック

♪世界の名言集♪

оши́бка

В жи́зни ка́ждый до́лжен соверша́ть лишь свои́ со́бственные оши́бки.
Ага́та Кри́сти

Есть лю́ди, кото́рые никогда́ не ошиба́ются, потому́ что не хотя́т де́лать.
Иога́нн Во́льфганг Гёте

И оши́бка быва́ет поле́зна, пока́ мы мо́лоды, лишь бы не таска́ть её с собо́й до ста́рости.
Иога́нн Во́льфганг Гёте

Лу́чше допусти́ть опло́шность само́й, чем указа́ть на оши́бку му́жу.
Джордж Сэви́л Галифа́кс

Лу́чше изобличи́ть со́бственные оши́бки, чем чужи́е. Демокри́т

Мы не лю́бим, когда́ нас жале́ют за совершённые на́ми оши́бки.
Люк де Клапье́ Во́венарг

На́до постаре́ть, что́бы стать добре́е; я не встреча́ю никогда́ оши́бки, кото́рой я уже́ не сде́лал бы.
Иога́нн Во́льфганг Гёте

Не ищи́ оши́бку; ищи́, как её испра́вить.
Ге́нри Форд

Не сле́дует робе́ть из опасе́ния наде́лать оши́бок, са́мая больша́я оши́бка — э́то лиша́ть себя́ о́пытности.
Люк де Клапье́ Во́венарг

Ни в чём не ошиба́ться — э́то сво́йство бого́в. Демосфе́н

Никогда́ не ошиба́ется тот, кто ничего́ не де́лает.
Теодо́р Ру́звельт

Са́мая больша́я оши́бка э́то боя́знь соверши́ть оши́бку.
Элбе́рт Ха́ббард

несча́стье

Лу́чшая опо́ра в несча́стье не ра́зум, а му́жество.
Люк де Клапье́ Во́венарг

Ма́ло быва́ет несча́стий безысхо́дных; отча́яние бо́лее обма́нчиво, чем наде́жда.
Люк де Клапье́ Во́венарг

間違い

人生では、誰もが自分に固有の間違いを犯すもの。
アガサ・クリスティ

一度も過ちを犯したことがない人がいるが、それは、何もしようとしないからだ。
ゲーテ

若いうちは過ちも時に有益だ。それを年老いるまで引きずりさえしなければの話だが。
ゲーテ

夫の誤りを指摘するより、自分でへまをするほうがましである。
ジョージ・サヴィル・ハリファックス

他人の失敗より自分自身の失敗を暴露するほうがよい。　デモクリトス

我々は、自分のやった失敗を人に哀れんでもらうのを好まない。
リュック・ド・クラピエ・ヴォーヴナルグ

より善良になるように歳をとらなければならない。私は、自分がもうしなくていい`ような失敗に、決して出くわさない。　　　　　ゲーテ

誤りを探すな。誤りを正す術を探せ。　　　　　ヘンリー・フォード

ミスをしでかす危険から臆病になってはいけない。最大のミスは、自ら経験する機会を失うことだ。　リュック・ド・クラピエ・ヴォーヴナルグ

何物にもあやまたずは、神の資質。　　　　　　　デモステネス

何もしない人は、決してあやまたない。　　セオドア・ルーズベルト

最大の過ちとは、過ちを犯すことを恐れること。　エルバート・ハバード

不幸

不幸なときの最良の支えは、理性ではなく勇気である。
リュック・ド・クラピエ・ヴォーヴナルグ

出口のない不幸は少ない。絶望は希望よりも人を欺く。
リュック・ド・クラピエ・ヴォーヴナルグ

♪世界の名言集♪

Не судьба делает нас несчастными, подставляя подножки, а наше нежелание встать после них.
Максим Чернявский

Нет лучшего учителя, чем несчастье. Бенджамин Дизраэли

Познав несчастье, я научился помогать страдальцам.
Публий Вергилий

Человек никогда не бывает так счастлив или так несчастлив, как это кажется ему самому.
Франсуа Ларошфуко

мудрость

Бог послал нам достаточно мудрости, чтобы улучшить наши взаимоотношения.
Михаил Горбачёв

Для меня слово мудрости ценнее золота. Демокрит

Красота и мудрость — в простоте. Максим Горький

Лучше глупцом быть вместе со всеми, чем мудрецом в одиночку.
Бальтасар Грасиан-и-Моралес

Любить и быть мудрым — невозможно. Фрэнсис Бэкон

Мудр не тот, кто знает много, а тот, чьи знания полезны.
Эсхил

Мудрец избегает всякой крайности. Лао-Цзы

Мудрость дороже золота, но честность, справедливость и достоинство важнее всякой мудрости.
Али Апшерони

Мудрость желает одобрения ... тщеславие требует похвал.
Пьер Буаст

Цинизм — лишь форма наивности. Мудрость есть проницательность.
Роберт Шекли

Мудрый ценит всех, ибо в каждом замечает хорошее.
Бальтасар Грасиан-и-Моралес

足払いをくわせ、我々を不幸にするのは運命なのではなく、その後に立ち上がろうとしない我々の心だ。　　　　　マクシム・チェルニャフスキー

不幸より優れた教師はいない。　　　　　　ベンジャミン・ディズレーリ

不幸を知って、私は苦悩する人を手助けすることを学んだ。
　　　　　　　　　　　　　　　　　　　プブリウス・ウェルギリウス
人は、自分自身が思うほど、それほど幸福であったり不幸であったりすることは決してない。　　　　　　　　　　　フランソワ・ラ・ロシュフコー

英知

神は我々に、相互関係を改善するための英知を十分にお与えくださった。
　　　　　　　　　　　　　　　　　　　　　ミハイル・ゴルバチョフ
私にとって、英知という言葉は黄金よりも価値がある。　　デモクリトス

美と英知は、シンプルさにある。　　　　　　　マクシム・ゴーリキー

孤独な賢者より、皆といる愚者であるほうがよい。
　　　　　　　　　　　　　　　　　　　　バルタサル・グラシアン
人を愛し、かつ賢明であることは不可能である。　フランシス・ベーコン

多くを知る者が賢者なのではなく、その知識が有益な人が賢者なのだ。
　　　　　　　　　　　　　　　　　　　　　　　　アイスキュロス
賢者はあらゆる極端を避ける。　　　　　　　　　　　　　　　老子

英知は黄金より尊いが、誠実と公正と尊厳は、どんな英知よりも大切である。　　　　　　　　　　　　　　　　　　　　　アリ・アプシェロニ

英知は肯定されることを願い、虚栄は賞賛を要求する。
　　　　　　　　　　　　　　　　　　　　　　ピエール・ボワストゥ
シニシズムは単なるナイーブさの一形態である。英知とは洞察力である。
　　　　　　　　　　　　　　　　　　　　　　ロバート・シェクリイ

賢者は万人を評価する。なぜなら万人の良いところに気がつくから。
　　　　　　　　　　　　　　　　　　　　バルタサル・グラシアン

♪世界の名言集♪

Правители нуждаются в мудрецах значительно больше, чем мудрецы в правителях.
Фома Аквинский

Самый мудрый человек тот, кого больше всего раздражает потеря времени.
Алигьери Данте

истина

Глубочайшая истина расцветает лишь из глубочайшей любви.
Генрих Гейне

Говорят, что между двумя противоположными мнениями находится истина. Ни в коем случае! Между ними лежит проблема.
Иоганн Вольфганг Гёте

Гораздо легче найти ошибку, нежели истину. Ошибка лежит на поверхности, и её замечаешь сразу, а истина скрыта в глубине, и не всякий может отыскать её.
Иоганн Вольфганг Гёте

Груда фактов — не истина.
Валентин Свенцицкий

Истина — солнце разума.
Люк де Клапье Вовенарг

Истина всегда рядом. Только увидеть её можно в твёрдой памяти и трезвом рассудке.
Анжелика Миропольцева

То, что не может быть истиною для настоящего времени, не будет ею и для будущего.
Рихард Вагнер

Только верное прекрасно.
Никола Буало

Я предпочитаю найти одну истину, хотя бы и в незначительных вещах, нежели долго спорить о величайших вопросах, не достигая никакой истины.
Галилео Галилей

Истина сделает вас свободными.
Зигмунд Фрейд

Кто не любит свободы и истины, может быть могущественным человеком, но никогда не будет великим человеком.
Вольтер

Лучший друг — истина, поиск которой равен длине всей жизни.
Анжелика Миропольцева

為政者は、賢者が為政者を必要とする以上に、賢者を必要とする。
トマス・アクィナス

最も賢明な人とは、何よりも時間の喪失にいらだつ人である。
アリギエーリ・ダンテ

真実

最も深淵なる真実は、最も深い愛によってのみ開花する。
ハインリヒ・ハイネ

二つの対立する意見の間に真実が存在すると言われるが、とんでもない！そこに存在するのは問題である。
ゲーテ

真実よりも誤りを見つけるほうが、はるかに簡単だ。誤りは物事の表層に存在するのですぐに気がつく。一方で真実は物事の奥底に隠されているので、皆がそれを見つけ出せるとは限らないからだ。
ゲーテ

事実の積み重ねが真理なのではない。　ワレンチン・スヴェンツィツキー

真実とは、理性の源。　　　リュック・ド・クラピエ・ヴォーヴナルグ

真実は常にそばにある。それが見えるのは、しっかりした記憶と、さめた分別があるときだけ。　　アンジェリカ・ミロポリツェワ

現在、真実であり得ないことは、未来も真実になり得ない。
リヒャルト・ワーグナー

正しいものだけが素晴らしい。　　　　　　　ニコラ・ボアロー

偉大な質問について長く尋ね、何の真実も得られないことより、私は無意味なことの中にも、一つの真実を見つけることのほうが好きだ。
ガリレオ・ガリレイ

真理は人を自由にする。　　　　　　ジークムント・フロイト

自由と真理を愛さない人は、権力者になれるが、決して偉大な人にはなれない。　　　　　　　　　　　　　　　　ヴォルテール

真理は最良の友であり、その探求に一生かかる。
アンジェリカ・ミロポリツェワ

♪世界の名言集♪

Мно́гие вели́кие и́стины бы́ли снача́ла кощу́нством.

Б. Шо́у

воспита́ние

Воспита́ние — лу́чший припа́с к ста́рости. *Аристо́тель*

Воспита́ние есть украше́ние в сча́стье и прибе́жище в несча́стье.
Демокри́т

Ка́ждый челове́к от ску́дости ума́ стара́ется воспита́ть друго́го по со́бственному подо́бию. *Иога́нн Во́льфганг Гёте*

Лу́чший спо́соб сде́лать дете́й хоро́шими — сде́лать их счастли́выми.
О́скар Уа́йльд

На́до воспи́тывать в де́тях любо́вь к лю́дям, а не к самому́ себе́. А для э́того сами́м роди́телям на́до люби́ть люде́й.
Фе́ликс Дзержи́нский

Ребёнок уме́ет люби́ть того́, кто его́ лю́бит, — и его́ мо́жно воспи́тывать то́лько любо́вью. *Фе́ликс Дзержи́нский*

Страх не нау́чит дете́й отлича́ть добро́ от зла; кто бои́тся бо́ли, тот всегда́ подда́стся злу. *Фе́ликс Дзержи́нский*

Цель воспита́ния — не допуска́ть, что́бы любо́вь к себе́ заглуша́ла любо́вь к бли́жнему. *Пьер Буа́ст*

сме́лость, му́жество

Быть сме́лым — зна́чит счита́ть далёким всё стра́шное и бли́зким всё, внуша́ющее сме́лость. *Аристо́тель*

Все жи́зненные пра́вила сле́дует че́рпать то́лько в му́жестве.
Люк де Клапье́ Во́венарг

Добро́ потеря́ешь — не мно́го потеря́ешь, честь потеря́ешь — мно́го потеря́ешь, му́жество потеря́ешь — всё потеря́ешь.
Иога́нн Во́льфганг Гёте

多くの偉大な真理は、初めは神への冒涜であった。　バーナード・ショウ

教育

教育は、老後への最良の蓄え。　　　　　　　　　　　アリストテレス

教育は幸福な時の飾りであり、不幸なときの避難所である。
　　　　　　　　　　　　　　　　　　　　　　　　　デモクリトス
人はみな、理性が乏しいせいで、自分に似せて人を育てようと努力する。
　　　　　　　　　　　　　　　　　　　　　　　　　　　　ゲーテ
子供を良くする最良の方法は、幸福にすることである。
　　　　　　　　　　　　　　　　　　　　　　　オスカー・ワイルド
子供の、自己愛ではなく、人々に対する愛を育てなければならない。そのために、親自身が人を愛さなければならない。
　　　　　　　　　　　　　　　　　　フェリックス・ジェルジンスキー
赤ちゃんは、自分を愛してくれる人を愛することができる。つまり、愛だけが赤ちゃんを育てることができるのだ。
　　　　　　　　　　　　　　　　　　フェリックス・ジェルジンスキー
子供は、善悪の区別のしかたを恐怖からは学ばない。苦痛を恐れる者は、常に悪に屈するから。
　　　　　　　　　　　　　　　　　　フェリックス・ジェルジンスキー

教育の目的は、自己愛が隣人愛をかき消さないようにすることである。
　　　　　　　　　　　　　　　　　　　　　　　ピエール・ボワストゥ

勇気

勇敢であるとは、あらゆる恐怖を遠くにみなし、勇気を鼓舞する全てのものを近しいとみなすことである。　　　　　　　　　　アリストテレス

全ての人生の法則は、勇気の中からくみ出さなければならない。
　　　　　　　　　　　　　　　リュック・ド・クラピエ・ヴォーヴナルグ
善を失っても、多くを失ってはいないが、名誉を失うと、多くを失う。そして勇気を失うのは、全てを失うことだ。　　　　　　　　　　ゲーテ

♪ 世界の名言集 ♪

Изли́шняя сме́лость — тако́й же поро́к, как и изли́шняя ро́бость.
Бе́нджамин Джо́нсон

Му́жественный челове́к обыкнове́нно страда́ет, не жа́луясь, челове́к же сла́бый жа́луется не страда́я.
Пьер Буа́ст

Сме́лость — э́то сопротивле́ние стра́ху и контро́ль над стра́хом, а не отсу́тствие стра́ха.
Марк Твен

Сме́лым помога́ет судьба́.
Пу́блий Верги́лий

судьба́

Всё, что посыла́ет нам судьба́, мы оце́ниваем в зави́симости от расположе́ния ду́ха.
Франсуа́ Ларошфуко́

С судьбо́ю не веду́т предвари́тельных перегово́ров.
Ви́ктор Гюго́

Судьба́ неизбе́жнее, чем случа́йность. "Судьба́ заключена́ в хара́ктере", — э́ти слова́ роди́лись отню́дь не зря.
Рюно́скэ Акутага́ва

Сча́стье и несча́стье челове́ка в тако́й же сте́пени зави́сит от его́ нра́ва, как и от судьбы́.
Франсуа́ Ларошфуко́

То, что людьми́ при́нято называ́ть судьбо́ю, явля́ется, в су́щности, лишь совоку́пностью учинённых и́ми глу́постей.
Арту́р Шопенга́уэр

сча́стье

Сча́стье — э́то не жизнь без забо́т и печа́лей, сча́стье — э́то состоя́ние души́.
Фе́ликс Дзержи́нский

Велича́йшее в жи́зни сча́стье — э́то уве́ренность в том, что нас лю́бят, лю́бят за то, что мы таки́е, каки́е мы есть, и́ли несмотря́ на то, что мы таки́е, каки́е мы есть.
Ви́ктор Гюго́

Де́йствия не всегда́ прино́сят сча́стье; но не быва́ет сча́стья без де́йствия.
Бе́нджамин Дизраэ́ли

過剰な勇気は、過剰な労働のように悪徳である。　　　ベン・ジョンソン

勇敢な人は、普通、弱音を吐かずに苦しむが、弱い人間は苦しまずに弱音を吐く。　　　　　　　　　　　　　　　　　　　ピエール・ボワストゥ

勇気とは、恐怖心とその制御の間の抵抗であって、恐怖心の不在ではない。
　　　　　　　　　　　　　　　　　　　　　　　　マーク・トウェイン
勇敢な人を運命は助ける。　　　　　　　プブリウス・ウェルギリウス

運命

運命が我々におくるもの全てを、我々は気分に応じて評価している。
　　　　　　　　　　　　　　　　　　フランソワ・ラ・ロシュフコー
運命とは事前に交渉できない。　　　　　　　ヴィクトール・ユゴー

運命は偶然よりも必然である。「運命は性格の中にある」という言葉は決してなおざりに生まれたものではない。　　　　　　　　　　芥川龍之介

人間の幸不幸は、運命に依存するのと同程度に、その人の性格に依存する。
　　　　　　　　　　　　　　　　　　フランソワ・ラ・ロシュフコー
人々が運命と呼ぶのを是認しているものは、実は、人々が為した愚行の総和である。　　　　　　　　　　　　アルトゥル・ショーペンハウアー

幸福

幸福とは、心配事や悲しみのない人生ではない。幸福は、魂の状態である。
　　　　　　　　　　　　　　　　　　フェリックス・ジェルジンスキー

人生最大の幸福は、愛されているという確信である。自分のありのままの姿で、あるいは、こんな自分なのに愛されているという確信である。
　　　　　　　　　　　　　　　　　　　　　　　ヴィクトール・ユゴー
行動が常に幸福をもたらすとは限らない。しかし、行動しなければ幸福は生まれない。　　　　　　　　　　　　　　ベンジャミン・ディズレーリ

♪ 世界の名言集 ♪

Жизнь дари́т челове́ку в лу́чшем слу́чае одно́-еди́нственное неповтори́мое мгнове́ние, и секре́т сча́стья в том, что́бы э́то мгнове́ние повторя́лось как мо́жно ча́ще.
О́скар Уа́йльд

Когда́ мы счастли́вы, мы всегда́ добры́, но когда́ мы добры́, мы не всегда́ счастли́вы.
О́скар Уа́йльд

Когда́ на душе́ неве́село, на чужо́е сча́стье бо́льно смотре́ть.
Альфо́нс Доде́

Кто ви́дит сча́стье в обрете́нии материа́льных благ, те никогда́ не смо́гут стать по-настоя́щему счастли́выми.
Али́ Апшерони́

Лу́чше с ра́зумом быть несча́стным, чем без ра́зума — счастли́-вым.
Эпику́р

Мы не име́ем пра́ва потребля́ть сча́стье, не производя́ его́.
Б. Шо́у

Не теле́сные си́лы и не де́ньги де́лают люде́й счастли́выми, но правота́ и многосторо́нняя му́дрость.
Демокри́т

Оди́н раз в жи́зни сча́стье стучи́т в дверь ка́ждого, но ча́сто э́тот ка́ждый сиди́т в сосе́днем кабачке́ и не слы́шит сту́ка.
Марк Твен

Сча́стье как здоро́вье: когда́ оно́ налицо́, его́ не замеча́ешь.
Михаи́л Булга́ков

Тот, кто доби́лся сча́стья, до́лжен подели́ться э́тим сча́стьем с други́ми; тогда́ у сча́стья роди́тся близне́ц.
Джордж Го́рдон Ба́йрон

Хрони́ческого сча́стья та́кже нет, как нет неста́ющего льда.
Алекса́ндр Ге́рцен

Я сча́стлив, потому́ что мне не́когда поду́мать о том, что я несча́стлив.
Б. Шо́у

тала́нт, спосо́бность

Большо́й тала́нт тре́бует большо́го трудолю́бия.
Пётр Чайко́вский

Для челове́ка с тала́нтом и любо́вью к труду́ не существу́ет прегра́д.
Лю́двиг Бетхо́вен

人生は最高の状態で、人に唯一の、二度と帰らぬ瞬間を贈るが、幸福の秘密は、この瞬間ができるだけ頻繁に繰り返されることにある。
オスカー・ワイルド

我々が幸せな時、常に善良だが、我々が善良な時、常に幸せとは限らい。
オスカー・ワイルド

心が愉快でない時、他人の幸福を見るのは苦痛だ。アルフォンス・ドーデ

物質的な福利の獲得に幸福を見いだす人は、決して本当に幸福にはなれない。
アリ・アプシェロニ

理性をなくして幸福であるよりも、理性を持って不幸であるほうがよい。
エピクロス

我々には、幸福を生まずして幸福を要求する権利はない。
バーナード・ショウ

肉体的な力やお金が人を幸福にするのではなく、正しさと多面的な知恵が人を幸福にする。
デモクリトス

人生で一度は幸福が各人のドアをノックするが、しばしば、人は隣の居酒屋にいてノックの音が聞こえない。
マーク・トウェイン

幸せは健康のようなものだ。それが手元にあるときは、気がつかない。
ミハイル・ブルガーコフ

幸せを手に入れた人は、その幸せを友と分かち合わなければならない。そうすれば、また同じように幸せが生まれるから。
ジョージ・ゴードン・バイロン

溶けない氷がないように、長く続く幸福というものはない。
アレクサンドル・ゲルツェン

私は幸福だ。なぜなら、自分が不幸だと考える暇がないから。
バーナード・ショウ

才能

大いなる才能は大いなる勤勉を要求する。　　　　チャイコフスキー

才能と労働意欲のある人にとって、障害は存在しない。
ベートーベン

♪世界の名言集♪

Талант — это вера в себя, в свою силу.
　　　　　　　　　　　　　　　　　Максим Горький

Человек, обладающий врождённым талантом, испытывает величайшее счастье тогда, когда использует этот талант.
　　　　　　　　　　　　　　　　　Иоганн Вольфганг Гёте

учение

Научиться можно только тому, что любишь.
　　　　　　　　　　　　　　　　　Иоганн Вольфганг Гёте

Педагоги не могут успешно кого-то учить, если в это же время усердно не учатся сами.
　　　　　　　　　　　　　　　　　Али Апшерони

Учитель, если он честен, всегда должен быть внимательным учеником.
　　　　　　　　　　　　　　　　　Максим Горький

характер

Меня не заботит, что обо мне подумают другие, но зато меня заботит, что подумаю я сам о своих поступках: это и есть характер!
　　　　　　　　　　　　　　　　　Теодор Рузвельт

Я бы не сказал, что женщины не имеют характера, — просто у них каждый день другой характер.
　　　　　　　　　　　　　　　　　Генрих Гейне

цель

Смысл жизни в красоте и силе стремления к целям, и нужно, чтобы каждый момент бытия имел свою высокую цель.
　　　　　　　　　　　　　　　　　Максим Горький

Есть только два способа прожить свою жизнь. Первый — так, будто никаких чудес не бывает. Второй — так, будто всё на свете является чудом.
　　　　　　　　　　　　　　　　　Альберт Эйнштейн

Жизнь есть только там, где есть любовь.　　Махатма Ганди

человек

Быть человеком — значит быть борцом.
　　　　　　　　　　　　　　　　　Иоганн Вольфганг Гёте

才能、それは自分を、自分の力を信じること。　　　マクシム・ゴーリキー

生まれつき才能のある人は、その才能を発揮するとき、最高の幸福を味わう。
　　　　　　　　　　　　　　　　　　　　　　　　　　　　　　ゲーテ

学

愛せる者のみが学ぶことができる。　　　　　　　　　　　　　　ゲーテ

教育者は、人に物を教えるとき、もしも自分が誠実に学ぼうとしないと、うまくいかない。　　　　　　　　　　　　　　　　　アリ・アプシェロニ

もしも誠実な教師なら、いつも注意深い生徒でなければならない。
　　　　　　　　　　　　　　　　　　　　　　　マクシム・ゴーリキー

性格

他人が私をどう思おうと、私は気にならない。けれど、私自身が自分の行為をどう思うかが気にかかる。これが性格というものだ！
　　　　　　　　　　　　　　　　　　　　　　セオドア・ルーズベルト

女性に性格はないとは言うまい。単に女性は、毎日違う性格が現れるだけなのだから。　　　　　　　　　　　　　　　　　ハインリヒ・ハイネ

目的

人生の意味は美と、目的を希求する力にある。よって存在のそれぞれの瞬間が、自身の崇高な目的を有する必要がある。　　マクシム・ゴーリキー

私人生にはたった二つの生き方があるだけ。一つは奇跡などないかのような生き方、もうひとつは、まるですべてが、奇跡であるかのような生き方だ。
　　　　　　　　　　　　　　　　　　　アルベルト・アインシュタイン

　愛があるところにのみ人生がある。　　　　　　マハトマ・ガンディー

人間

人間であること、それは闘士であることを意味する。　　　　　　ゲーテ

♪ 世界の名言集 ♪

В ка́ждом челове́ке — со́лнце. То́лько да́йте ему́ свети́ть.
Сокра́т

Вели́чие челове́ка заключа́ется в том, что он — еди́нственное из всех творе́ний, спосо́бное преврати́ть мгнове́ние в ве́чность.
Иога́нн Во́льфганг Гёте

Все лю́ди де́лятся на две катего́рии: одни́м ле́гче подмеча́ть разли́чия, други́м — схо́дство.   Фрэ́нсис Бэ́кон

Éсли бы челове́к со́здал челове́ка, ему́ бы́ло бы сты́дно за свою́ рабо́ту.
Марк Твен

Éсли ве́рить на́шим фило́софам, челове́к отлича́ется от други́х живы́х суще́ств уме́нием смея́ться.   Джо́зеф А́ддисон

Наш хара́ктер есть результа́т на́шего поведе́ния.   Аристо́тель

Ничего́ нет бо́лее жа́лкого и бо́лее великоле́пного, чем челове́к.
Пли́ний Ста́рший

Обезья́на сошла́ с ума́ и ста́ла челове́ком.   Михаи́л Задо́рнов

То, что есть в челове́ке, бессомне́нно, важне́е того́, что есть у челове́ка.
Арту́р Шопенга́уэр

Челове́к! Э́то — великоле́пно! Э́то звучи́т ... го́рдо!
Макси́м Го́рький

どんな人間にも太陽がある。ただそれを輝かせたまえ。　　　　　ソクラテス

人間の偉大さは、一瞬を永遠に転換させる能力を、唯一与えられた創造物である点にある。　　　　　　　　　　　　　　　　　　　　　　ゲーテ

全ての人間は二つのカテゴリーに分類される。一方は、容易に相違点に気がつき、もう一方は類似点に気がつく。　　　　　　　フランシス・ベーコン

もしも人が人を創造したとするなら、人は自分の労働を恥じるに違いない。
　　　　　　　　　　　　　　　　　　　　　　　　　　マーク・トウェイン

もしも我々の哲学者達を信じるなら、人が他の生き物に優れている点は、笑う能力にある。　　　　　　　　　　　　　　　　　ジョゼフ・アディソン

我々の性格は、自分の行動の結果である。　　　　　　　アリストテレス

人間以上に哀れで、かつ偉大なものはない。　　　　　　　大プリニウス

猿が気が狂って人間になったのである。　　　　　　ミハイル・ザドルノフ

人間の中にあるものは、疑いもなく、人間が所有するものよりも重要である。　　　　　　　　　　　　　　　　アルトゥル・ショーペンハウアー

人間！これは偉大だ！なんと誇り高く響くことか！　マクシム・ゴーリキー

単 語 一 覧

*は完了体です。

А
або́рт	妊娠中絶、堕胎
аксио́ма	公理、自明の理
акти́вно	積極的に
алкого́ля	アルコール
америка́нец	アメリカ人
амни́стия	恩赦
аналити́ческий	分析の

Б
бедня́к	貧乏人
бездо́мный	ホームレス
безопа́сность	安全、公安
безуча́стный	参加しない
беспоко́иться	心配する、案じる
беспоща́дный	容赦ない、残酷な
беспреме́рный	無比の、先例のない
благополу́чие	平穏無事、幸福
благослове́ние	祝福、同意
благослови́ть*	祝福する
божество́	神
большинство́	大多数、大部分
бо́мба	爆弾
боре́ц	戦士
бра́тство	親交、親睦

В
вдохновля́ть	霊感を与える
век	世紀、時代、一生
велича́йший	最も偉大な
вели́чие	偉大さ、壮大さ
взаме́н	引き換えに
взрасти́ть*	栽培する
вкла́дывать	挿入する、注ぎ込む
вмести́ть*	入れる、含む
вмеша́тельство	干渉、口出し
вме́шиваться	干渉する
возде́йствие	作用
вознагражде́ние	報酬、賞与
возни́кнуть*	起こる、発生する
возрожде́ние	復興、復活
воодушевле́ние	霊感、意気込み、熱心さ
ворова́ть	盗む
воспева́ть	賛美する
воспи́танный	教養のある、礼儀正しい
воспомина́ние	思い出、回想
восприня́ть*	理解する、感得する
воссла́вить*	讃える
восславля́ть	讃える
враг	敵、仇
враньё	嘘
врать	嘘をつく
вреди́ть	害する
вре́дный	有害な
вруче́ние	授与、贈呈式、受賞
вруче́ние	宇宙
всели́ть*	住まわせる、植え付ける
всеми́рность	世界性
вся́ческий	ありとあらゆる
вы́бор	選択、選挙
вы́брать*	選ぶ、選んで決める
вы́годный	有利な
выжива́ние	生き延びること
вы́пасть*	落ちる、当たる
выполне́ние	遂行、実行
вы́рубить*	切り取る、採掘する
высокоме́рный	傲慢な、横柄な
вы́стоять*	立ち通す、持ちこたえる

Г
гаранти́ровать(*)	保証する、請け合う
ге́ний	天才、神髄
ги́бнуть	滅亡する、破滅する
гла́сность	情報公開
гнёт	圧迫、迫害、重圧
голо́дный	飢えた（人）
голосова́ть	投票する
гра́мотный	読み書きのできる
гряду́щий	来たるべき、未来の
губерна́тор	州知事
гумани́зм	ヒューマニズム

Д
дар	贈り物、プレゼント

дарова́ть(*)	贈る、下賜する		зави́симость	従属状態、依存
darovíтый	天分ある		завоева́ть*	獲得する、征服する
дви́гаться	動く		заключа́ть	締結する、取り決める
движе́ние	運動、動き		заключе́ние	監禁、禁固、結論
дворе́ц	宮殿		заключённый	収監者
деви́з	モットー、標語		зале́чивать	治療する、和らげる
де́йствие	行動、動作、作用		замени́ть*	取り替える、交替する
держа́ться	つかむ		зарожда́ться	生まれる、生じる
деся́тка	10		заслу́га	功績、手柄
де́ятельность	行為、行動		заставля́ть	させる、強いる
диктату́ра	独裁（政権）		захлестну́ть*	巻き込む、襲いかかる
диктова́ть	口述する		защи́тник	庇護者、保護者
дискримина́ция	差別		защища́ть	守る、保護する
дисципли́на	訓練、規律、軍規		заяви́ть*	表明する
доби́ться*	手に入れる		зре́лость	成熟、成長
дове́рие	信頼		зре́ние	視力、視野
до́гмат	教理、ドグマ		зри́мый	目に見える
догна́ть*	追いつく		**И**	
дожда́ться*	待ちおおせる		идеа́л	理想、極致
дожи́ть*	…まで生きながらえる		извле́чь*	抽出する、得る
долг	義務、本分、負債		издава́ть	出版・発行・刊行する
до́лее	より長く		изда́тель	出版者、発行所
дома́шний	家庭の、国産の		измене́ние	変化、変動
доставля́ть	届ける、提供する		иллю́зия	幻覚、幻想
достиже́ние	達成、成果		инаугура́ция	就任式
досто́инство	長所、強み、価値		инвали́д	身体障害者
досто́йный	…に値する		инвекти́ва	悪罵、罵倒
достоя́ние	資産、財産		интрониза́ция	登位式、着座式
досту́пный	近づきやすい、分かりやすい		интуити́вный	直感的な
дря́хлый	よぼよぼの、老朽した		инциде́нт	事件、出来事
Ду́ма	国会（下院）		исключи́тельно	もっぱら、ただ
ду́мский	国会の		ископа́емый	化石、鉱物
дух	精神、生気、霊魂		исполне́ние	遂行、実行、実現
духо́вный	精神的な		испыта́ние	経験、体験
Е・Ж			и́стина	真理、真実
едине́ние	結合、団結、統一		исходи́ть	出る、発する、広がる
еди́ножды	一回、一度		**К**	
еди́нство	統一、団結		кани́кулы	休暇、休み
есте́ственный	自然な		капитали́ст	資本家
жа́лость	哀れみ		каса́ться	触れる、関する
же́ртвенность	犠牲		ка́чество	特質、品質
жест	身振り、手振り		ко́жа	皮膚、肌
З			коли́чество	量、数量
завести́сь*	出現する、出てくる		коллекти́в	集団
зави́сеть	…こよる、次第である		колосса́льный	巨大な、雄大な

конгре́сс	国会、議会	направля́ть	統治する
конститу́ция	憲法	нарко́тик	薬物
контине́нт	大陸	наро́д	民衆、人民、大衆
конфронта́ция	対決、抗争、衝突	наси́лие	強制、暴力
красть	盗む、掠める	настоя́щий	現在の、本当の
крестья́не	（複）農民	настрое́ние	気分、心地、気持
		на́тиск	圧迫、強襲、攻勢

Л

ла́герь	陣営、収容所	научи́ться	学ぶ、習う
ли́чный	個人の	небыва́лый	今までにない
лише́ние	欠乏、困窮、剥奪	недоразуме́ние	誤解、悶着
лиши́ть*	奪う、没収する	недоста́ток	欠点、欠陥、不足
		незави́симость	独立

М

маги́ческой	魔法の、奇跡的な	незначи́тельный	つまらない、重要でない
ма́сса	多量、多数	незря́чий	盲目の、目の見えない
мгнове́ние	瞬間	незы́блемый	不動の、堅固な
ме́стность	土地、場所、地形	нема́лый	小さくない、かなり多い
мечта́	夢、願い	не́нависть	憎悪、憎しみ
мечта́ть	空想・夢想する	необозри́мый	果てしない、際限ない
меша́ть	妨げる、邪魔する	необходи́мый	不可欠な、必然の
мимохо́дом	ついでに、途中で	неопроверж́имый	否定しがたい
мирозда́ние	宇宙（創造）	неоспори́мый	議論の余地のない
мироощуще́ние	現実認識	неотдели́мый	分離できない
мне́ние	意見	неоцени́мый	極めて貴重な、高価な
мни́мый	仮想の、空想の	непреме́нно	必ず
многоцве́тный	多彩な	непризна́ние	承認拒否
моли́тва	祈祷、祈り	несомне́нный	疑いのない、確かな
молодёжь	若者	неспоко́йный	不安な
моме́нт	瞬間、ある時間	нестро́йный	調子外れの、乱れた
моноли́т	一枚岩	неуда́ча	不成功、失敗
му́дрость	賢明、利口、深い知恵	неукло́нный	一貫した、不変の
му́жество	勇気、勇敢	неумоли́мый	避けがたい、厳しい
му́ка	苦痛、苦しみ	неутоми́мый	倦まぬ、たゆまぬ
мучи́тельно	苦しげに	низи́на	低地
мысль	志向、思索、思想	ничто́жество	些細な事、つまらない人
		ничто́жный	少ない、つまらない

Н

навя́зывать	結びつける、押し付ける	нищета́	赤貧、貧民
нагота́	裸、むき出し	ни́щий	赤貧の、乞食の
награ́да	賞、ほうび	норве́жец	ノルウェー人

О

наду́тый	高慢な、尊大な	обеспе́чивать	保証する
нака́з	指令、命令、委託	обеспе́чить*	供給する、保障する
нака́л	灼熱、緊迫	оби́деть*	侮辱する、怒らせる
накорми́ть*	養う、食べさせる	облада́ть	所有する、備える
нало́г	税金、租税	обменя́ться*	交換する、交わす
наме́рение	企図、もくろみ、意向	обогна́ть*	追い越す
напада́ть	攻撃・非難する		

образе́ц	見本、典型	отча́яние	絶望、落胆
образова́ться*	出来上がる	очища́ть	清める、きれいにする
обрести́*	獲得する	ошиба́ться	誤る、間違う
обре́чь*	予測する、運命づける	ошу́рки	食べ残し、残飯
обстоя́тельство	事情、事態、状況		П
обсужде́ние	審議、検討	парализова́ть(*)	麻痺させる、無力にする
обще́ние	接触、交際、関係	патриа́рх	総主教
обще́ственный	社会の、公共の	пе́пел	灰、あく
объедине́ние	統一、団結、同盟	переда́ча	明け渡し、移譲
объединя́ть	一つにする、統一する	перепо́лнить*	あふれさせる
объяви́ть*	公表する、指定する	перессо́рить*	互いに喧嘩させる
одино́чка	一人暮らし	переста́ть*	止める、止む
озари́ть*	照らす、光明を与える	перетяну́ть*	引っぱり勝つ
озаря́ть	照らす、悟らせる	перехо́д	移行、転換
оказа́ть*	示す、ある動作をする	пилигри́м	巡礼者
оказа́ться*	…と判る、認められる	пионе́р	パイオニア
око́вы	かせ、鉄鎖、束縛	пита́ние	食事、食物、栄養
окружа́ть	囲む、取り巻く	пла́новый	計画的な
ООН	国際連合	пле́нум	総会、全体会議
опира́ться	寄りかかる	плоть	肉、肉体
оправда́ть*	正当化する、こたえる	победи́ть*	勝つ、克服する
оптима́льный	最適の、条件に最も適する	победоно́сный	常勝の
ору́жие	武器、兵器、軍隊	пове́стка	議題
освободи́ть	解放する、自由にする	повзросле́ть*	大人になる
освободи́ться*	自由になる、なくなる	поглоти́ть*	飲み込む
освяти́ть*	捧げる	погуби́ть*	滅ぼす、駄目にする
осно́ва	土台、基礎	подде́рживать	支える
основа́ние	土台、基礎、根本	подде́ржка	支援、賛同、助力
основа́ть*	創立する、建設する	подели́ться*	分け合う、分配する
основа́ться*	作られる、基づく	по́длинный	本当の
осозна́ть*	自覚する、理解する	подо́бие	類似、同様
осуществля́ть	実現する、遂行する	подо́бно	…と同様に
о́тблеск	反射、照り返し	подска́зывать	耳打ちする
отве́тственность	責任	подта́лкивать	軽く突く、促す
отвора́чивать	背ける、脇へ向ける	поеди́нок	一騎打ち
Оте́чество	祖国	пожа́рище	大火事
отли́чие	違い	пожела́ть*	望む、希望する
отличи́тельный	区別する、特殊な	поже́ртвовать*	寄付する、犠牲にする
отмени́ть*	廃止する、取り消す	поздравле́ние	祝い、祝辞
отне́киваться	断る、避ける、否定する	позна́ние	認識、識別
отноше́ние	態度、関係	по́иск	探求、探索
отрица́ть	否定する	пои́стине	真に、実際に
отста́вка	引退	поки́нуть*	見捨てる、立ち去る
отступи́ть*	後退する、離れる	поколе́ние	世代、ジェネレーション
отступле́ние	退却、後退	полага́ть	思う、みなす

155

полго́да	半年	приве́тствие	挨拶
полёт	飛行	приве́тствовать	挨拶する、歓迎する
поли́тик	政治家	привиле́гия	特権、特典
по́лностью	完全に、十分に	привле́чь*	引きつける
положе́ние	状況、状態	привнести́*	持ち込む、加える
поло́женный	一定の、規定の	привы́чка	習慣、熟練
поменя́ться*	互いに交換する	призва́ние	使命
поме́щик	地主（貴族）	призы́в	アピール
по́мысл	考え	призыва́ть	呼び寄せる
понево́ле	やむを得ず、無理に	прики́дывать	見当をつける、計算する
попада́ть	命中する、はまり込む	приложе́ние	適用、応用
попоте́ть*	しばらく汗をかく	примеря́ть	試着する
попра́вить*	改善する、誤りを正す	примире́ние	仲裁、和解
попы́тка	企画、試み	принале́чь*	熱心に取りかかる
посвяти́ть*	捧げる、献じる	приро́да	自然、本質
поси́льный	力相応の	приро́дный	自然の、生まれつきの
посла́ние	メッセージ、呼びかけ	прису́тствие	在ること、出席
после́довательно	首尾一貫して、徹底して	прися́га	誓いの言葉、宣誓
посло́вица	ことわざ	причи́на	原因、理由
посме́ртный	死後の	пробужда́ть	目ざめさせる
построе́ние	建設、構成	провозгласи́ть*	宣言する、認める
поступи́ть*	行動する、あしらう	проглоти́ть*	飲み込む
посту́пок	行為、振る舞い、行動	проголосова́ть*	投票する
потенциа́л	潜在能力	прогре́сс	進歩、発展、向上
правди́вый	正しい、誠実な	прое́кт	計画、企画、案
пра́во	権利、根拠	произведе́ние	製品、作品、著述
пра́здновать	祝う、祝賀する	пропага́нда	プロパガンダ
пра́отец	（氏族の）祖先	про́пасть	深淵、断崖
преврати́ться*	変化する	проро́к	予言者
пре́данность	献身	просто́р	広大な空間
преда́ть*	委ねる、任せる	проти́вник	敵対者、反対者
предлага́ть	提案する、提供を申し出る	противоречи́вый	矛盾する、対立する
предме́т	対象	протяну́ть*	伸ばす、引っ張る
предназна́ченный	天職の、その為に作られた	процвета́ние	繁昌、隆盛
предоставля́ть	供与する、任す	про́чный	堅牢な、しっかりした
предписа́ние	指令、指示	проща́льный	別れの
предполага́ть	予想する	проще́ние	お別れ
предположе́ние	予想、推定	проявле́ние	表明、発揮、現象
предприя́тие	企業、工場	пусты́нный	砂漠の
предсказу́емый	予知可能な		
предуга́дывать	予測する、見抜く	Р	
пре́мия	賞金、懸賞金	раб	奴隷
преобрази́ть*	改革する	равни́на	平地、平野
препя́тствие	妨害、障害	разби́ться*	割れる、裂ける
прецеде́нт	前例、先例	развали́ться*	崩壊する、破綻する
		развести́сь*	多数繁殖する

разве́ять*	吹き散らす	след	足跡、形跡、名残
разви́тие	発達、進歩、成長	сло́жность	複雑さ
развра́т	堕落、放蕩	слома́ть*	砕く、壊す、折る
разделя́ть	分ける、引き離す	сме́ртный	死の、死ぬべき
размеще́ние	配置、設置	смея́ться	笑う
размышля́ть	熟考・思索する	смути́ть*	当惑・動揺させる
разобра́ться*	理解・分析する	со́весть	良心
разочарова́ние	失望、幻滅	совоку́пность	総和、総体
разреже́ние	まばらになること	соглаше́ние	調和、同意、協定
разру́ха	荒廃、崩壊	согражда́нин	同国人、同胞
разруши́тель	破壊者	соединённый	連合の、合同の
разруши́тельный	破壊的な	соедини́ться*	結合する、一緒になる
разру́шить*	破壊する、崩壊させる	созида́ние	創造、建設
разуве́риться*	信じなくなる	созна́ние	意識、自覚
разъясни́ть*	解明する	сокраще́ние	短縮、削減、減少
раси́стский	人種差別主義者の	сокро́вищница	宝庫
раскалённый	灼熱の、ほてった	сомне́ние	疑い、疑惑、疑念
расположе́ние	配置、位置	соотве́тствовать	一致・相応する、かなう
распредели́ть*	分配する、配給する	соотéчественник	同国人、同胞
рассчи́тывать	当てにする	сосредото́читься*	集中・集結する
расхожде́ние	食い違い、不一致	состави́тель	編集者、作成者
расцвести́*	開花する、栄える	состоя́ть	ある状態にある
расширя́ть	広げる	сострада́ние	同情、哀れみ
релятиви́зм	相対主義	соуча́стие	共同参加
репертуа́ра	レパートリー、上演目録	сочиня́ть	著作・作詞・作曲する
реши́мость	決意、覚悟	сою́зник	同盟国、盟邦
ритм	リズム、調子	сплести́*	編む、結びつける
ри́фма	韻	сплочённый	団結している
рожда́ться	生まれる	сподви́жник	戦友
рожде́ние	誕生	споко́йный	穏やかな、平静な
россия́не	（複）ロシア国民	справедли́вость	公平、正義
руково́дство	指導	сре́дство	手段、材料
		стаби́льный	安定した
С		ста́лкиваться	衝突する、ぶつかる
самоуничтоже́ние	自己崩壊	станови́ться	…になる、現れる
сбереже́ние	保存、貯金	стара́ться	努力する
сбы́ться*	実現する	старт	スタート、出発
связа́ть*	つなぐ、関連させる	стилисти́ческий	様式的な
сердцеве́дец	人の心の洞察者	стихотворе́ние	詩
се́ссия	（定例）会議	страда́ние	苦悩、苦しみ
сигна́л	信号、合図	стра́ждущий	苦しむ人
сирота́	孤児	страши́ться	怖がる、怯える
скло́н	傾斜、斜面	стремле́ние	意欲、熱望、志向
скро́мность	遠慮、謙遜	стуча́ть	たたく、ノックする
сла́ва	光栄、名誉	суверéнный	主権のある、独立の
сладкоре́чие	弁舌の才		

судьба́	運命		
сужде́ние	考慮、見解、意見	ф	
суть	本質、核心、要点	фа́кел	たいまつ
существова́ть	存在する	фанта́зия	空想、想像力
схва́тка	武力衝突、試合	формирова́ние	形成、編成
сы́тый	満腹した	фрагме́нт	断片、一部分
		фунда́мент	土台、基礎

Т

та́йна	秘密、神秘	Х	
творе́ние	創造、創作、著作	хара́ктер	性格
тво́рчество	創造、創作、作品	хи́жина	小屋
те́сный	狭い、緊密な	холм	丘、小山、丘陵
торже́ственный	祭典の、儀式の	хорошо́нько	しっかり、ちゃんと
тормози́ть	阻止する	хра́брый	勇敢な
тоска́	憂鬱、憂愁、退屈	храни́ть	守護・保護する
траге́дия	悲劇、惨劇		

Ц・Ч

тре́бовать	要望する、期待する	цари́ть	君臨する
трево́жить	不安にさせる	це́нность	価値、価格
трудя́щийся	労働者	цивилиза́ция	文明
тру́женик	働き者	челове́чество	人類
тысячеле́тие.	千年	че́рпать	汲み取る、引き出す
тюрьма́	牢獄、監獄	честь	名誉
		че́тверо	四人、四個

У

уба́вить*	減らす	чуде́сный	奇跡的な、素敵な

Э

убежде́ние	確信、信念	экологи́ческий	生態の、環境保護の

Я

убере́чь*	保護する、かばう	я́дерный	核の
уважа́ть	尊敬する	я́сли	まぐさ桶、託児所
увели́чиваться	増える、大きくなる		
уве́ренность	確実、核心、信念		
уводи́ть	連れ去る、そらせる		
угнете́ние	迫害、抑圧		
уголо́к	隅、角		
уклоня́ться	避ける、回避する		
укорени́ться*	根付く、固定する		
уменьша́ться	小さくなる、減少する		
униже́ние	卑しめ、侮辱		
усе́сться*	着席する		
ускори́тель	加速器		
успе́шный	成功の		
успе́шный	好結果の、大成功の		
успокое́ние	安心、平静		
установи́ть*	据える、確立する		
устано́вка	設備、装置		
уча́стие	参加、協力、同情		
уясни́ть*	明らかにする		

―著者略歴―

阿部昇吉（あべ　しょうきち）

　早稲田大学大学院修士課程（ロシア文学専攻）修了。ロシア文学研究家、翻訳家。現在は創価大学で教鞭をとっている。

[主な著書・訳書]

　『今すぐ話せるロシア語（入門編）』（東進ブックス）
　『今すぐ話せるロシア語　単語集』（東進ブックス）
　『ロシア語手紙の書き方―手紙・FAX・Eメール』（国際語学社）
　『まずはここから！やさしいロシア語　カタコト会話帳』（すばる舎）
　『キルギスの雪豹―永遠の花嫁』〈アイトマートフ著〉（潮出版社）
　iPhone・iPad用アプリ「露語ミニ辞典」ほか

吹き込み：アリーナ・チェンスカヤ
　　　　　マリヤ・ミハリョーワ

名スピーチで学ぶロシア語

2015年12月29日　第1刷発行

著　者　　阿部昇吉

発行者　　浦　晋亮
発行所　　IBCパブリッシング株式会社
　　　　　〒162-0804 東京都新宿区中里町29番3号　菱秀神楽坂ビル9F
　　　　　Tel. 03-3513-4511　Fax. 03-3513-4512　www.ibcpub.co.jp

印刷所　　株式会社シナノパブリッシングプレス

© 阿部昇吉 2015
Printed in Japan

落丁本・乱丁本は、小社宛にお送りください。送料小社負担にてお取り替えいたします。
本書の無断複写（コピー）は著作権法上での例外を除き禁じられています。

ISBN978-4-7946-0386-9